Con Bunyan (1628–1688) Zəvvarın Səyahəti, Tam Yaşadı

Diqqəti yayınmış və problemli bir dünyada dar yolda gəzmək

Canlı Məktublar – 40 Günlük İbadət Seriyası | Kitab 4

Tərəfindən

John Bunyan Zacharias GodseagleAmb. MO OgbeC. Ladi Ogbe

Mündəricat

MÜƏLLİF HÜQUQLARI © SƏHİFƏ

Con Bunyan (1628–1688)
Zəvvarın Səyahəti, Tam Yaşadı
Diqqəti yayınmış və problemli bir dünyada dar yolda gəzmək
Canlı Məktublar – 40 Günlük İbadət Seriyası | Kitab 4

MÜƏLLİFLƏR
Con Bunyan
Zacharias Godseagle
Səfir Bazar ertəsi O. Oqbe
Rahatlıq Ladi Oqbe

NAŞIRÇI
Zacharias Godseagle və Godseagle Ministries
Nəşr edən: **Zacharias Godseagle**
Əlaqə - https://www.otakada.org
ambassador@otakada.org
Tel/SMS +13024922440;
Whatsapp +2348032835348

MƏSULİYYƏTDƏN İMTİNA

Bu kitab ibadət və şagirdlik mənbəyidir. Tarixi yazılardan, Con Bunyanın həyatı, günahkarların başçısına bol lütf və Con Bunyanın "Ziyarətçinin səyahəti" kitablarından götürülsə də, tənqidi akademik nəşr və ya ilkin teoloji mətnlərin əvəzedicisi kimi nəzərdə tutulmayıb. Müqəddəs Yazılardan sitatlar ibadət və təlimat məqsədləri üçün istifadə olunur. Təfsirlər və tətbiqlər dua və pastoral şəkildə təqdim olunur.

MÜQƏDDƏS KİTABLAR BİLDİRİŞİ

Başqa cür göstərilmədiyi təqdirdə, Müqəddəs Yazılardan sitatlar geniş istifadə olunan ingilis dili tərcümələrindən götürülmüşdür. Aydınlıq və ibadətə yönəlmiş yerlərdə vurğu əlavə edilmişdir.

ÇAP MƏLUMATLARI

Amerika Birləşmiş Ştatlarında çap olunub
Birinci nəşr

BU KİTAB HAQQINDA

Zəvvarın irəliləməsi səyahəti göstərdi — Bu kitab sizə onu gəzməyə kömək edir

Üç əsrdən çoxdur ki, Con Banyanın yazıları oxucuları yumşaldılmayan bir həqiqətlə qarşılaşdırır:
Xristian həyatı sadəcə başa düşülmür,
onu gəzmək lazımdır.
"*Zəvvarın Səyahətindən* Bol *Lütf və Günahkarların Başçısına*" əsərində Bunyan nəzəriyyədən yazmayıb. O, münaqişədən, inamdan və artıq dəyişməz qala bilməyən bir həyatdan yazıb. Onun sözləri bir ideyanı deyil, bir təcrübəni təsvir etdiyi üçün yaşayıb.
Bu kitab oradan başlayır.

BU KİTAB NİYƏ MÖVCUDDUR

Çoxları Bunyanı oxuyub.
Çoxları ondan təsirlənib. Amma onun vəhy etdiyi şeyləri yaşamışlar azdır.

Bəziləri onun dilini uzaq hesab edir,
digərləri isə dərinliyi həddindən artıq böyük hesab edir.
Çoxları həqiqəti anlayır, amma etiraf etməkdə dayanır.
Bu kitab həmin boşluğu aradan qaldırır.
Bu əsər, Bunyanın mesajını alleqoriya və avtobioqrafiyadan çıxararaq
gündəlik həyata — addım-addım, qərar-qərar — gətirir.

BU KİTABI FƏRQLİ EDƏN NƏDİR?

Bu deyil:
Xülasə
Şərh
Sadələşdirilmiş təkrar danışma
Bu, **bələdçi ilə təşkil olunmuş təlim səyahətidir** .
Quruluş:
Zəvvarın gedişi (xaricə səyahət)
Bol Lütf (daxili mübarizə)
Bu kitab hər ikisini birləşdirərək müasir dilə, müasir təzyiqə və müasir yayındırmaya çevrilmiş vahid bir həyat yolunda birləşdirir.
Hər fəsil sizi tarixin müşahidə etdiyi kimi deyil, həyatın girdiyi kimi - Bunyanın səsinə qərq edir.
Hər gün bu səyahəti sizin öz səyahətinizə qədər uzadır.

NƏ TƏCRÜBƏ EDƏCƏYİNİZ

Bu, məlumat deyil.
Hərəkətdə olan formalaşmadır.
40 gün ərzində düşünülmüş bir yoldan keçəcəksiniz:
Oyanış → Ayrılıq → Münaqişə → Formalaşma → Dözümlülük
Hər gün sizi aşağıdakılar vasitəsilə şüurdan hərəkətə keçirmək üçün nəzərdə tutulub:
Bunyanın Səsi
Onun mübarizələri, qorxuları, müqaviməti və aydınlığı — durulaşdırılmamış və ani

Öz Reallığınız
, İnam, gecikmə, diqqət yayındırma və itaətkarlığın qovuşduğu yer
Praktik Uyğunluq
Heyranlıq doğuran ideyalar deyil, görüləsi tədbirlər
Proqressiv Səyahət
Təsadüfi əks olunmalar deyil, quran strukturlaşdırılmış bir yol
Suallar səni uzaqlaşdırmayacaq,
hərəkətlər isə dəyişməz qalmağa qoymayacaq.

BU KİTAB KİM ÜÇÜNDÜR

Bu kitab bir şeyin yarımçıq qaldığını bilənlər üçündür.
Bu, aşağıdakılar üçündür:
İnanc və itaət arasında gərginlik hiss edənlər
Xristianlar passiv sədaqətdən beziblər və həqiqi uyğunlaşmaya hazırdırlar
Həqiqəti tanıyan, lakin gec cavab verən oxucular
Diqqəti yayındıran, təzyiq göstərən və uyğunsuzluğa səbəb olanlar
Heç vaxt düşünən hər kəs:
"Bilirəm ki, bu doğrudur... amma mən bunu yaşamıram."
Bu, təsadüfi oxumaq üçün deyil.
Gəzmək istəyənlər üçündür.

NƏ ƏLDƏ EDƏCƏYİNİZ

Bu səyahət zamanı siz aşağıdakıları qazanacaqsınız:
Aydınlıq — Vəziyyətinizi qaçınmadan görmək
Əminlik — Gecikmənin itaətkarlığı harada əvəz etdiyini anlamaq
İstiqamət — Nəyin dəyişməli olduğunu və necə dəyişməli olduğunu anlamaq
İntizam — Transformasiyanı dəstəkləyən nümunələrin formalaşdırılması
Dözümlülük — Tərəqqi yavaş hiss edildikdə davam etməyi öyrənmək

Sonda sadəcə Bunyanı daha yaxşı başa düşməyəcəksiniz. Özünüzü daha aydın görəcək və fərqli yaşamaq üçün mövqe tutacaqsınız.

TƏCRÜBƏLİ OXUCULAR NƏ DEYİR

İlk oxucular və liderlər bu əsəri sadəcə bir ibadət əsəri kimi təsvir etmişlər:

"Bu, səyahətə heyran olmağınıza imkan vermir - sizi onun içinə yerləşdirir."
"Bu, oxumaq üçün rahat deyil və məhz buna görə də işləyir."
"Mən ilham gözləyirdim. Təlimlə qarşılaşdım."
"Bu, illərdir təxirə saldığım şeyləri üzə çıxardı."
"Bunyan gerçək oldu - mənim öz vəziyyətim də belə oldu."
"Bu, dini oxumaq deyil, şagirdlikdir."

SON SÖZ

Bunyan yolu göstərdi.
Amma yolu görməklə onu gəzmək eyni deyil.
Bu kitab sizin hərəkətə dəvətinizdir:
Şüurdan → qərara İnancdan → itaətə Oxumaqdan → olmağa
Sizdən səyahətə heyran olmağınız istənilmir.
Sizdən onu daxil etməyiniz xahiş olunur.
Çünki dar yol nəzəri olaraq kəşf edilmir —
o, itaətin bir addımı ilə ortaya çıxır.
Salam!

Zacharias Godseagle; Amb MO Ogbe; C. Ladi Oqbe
Tanrının Qartalı Xidmətləri
https://www.otakada.org
ambassador@otakada.org

ARXA QAPAQ BLURB

"Zəvvarın Gedişi" səyahəti göstərdi.
Bu kitab sizə onu piyada getməyə kömək edir.

300 ildən çoxdur ki, "Ziyarətçinin Yürüşü" xristian həyatının yolunu - onun yükünü, mübarizələrini, diqqəti yayındıran şeylərini və son mənzilini açıqlayır.
Amma çoxları bunu oxuyub...
və az adam yaşayıb.
Diqqəti yayınmış və problemli bir dünyada dar yolda yeriməki, sizi şüurdan hərəkətə keçirmək üçün hazırlanmış 40 günlük bir ibadət səyahətidir.
Həm *"Zəvvarın Səyahəti" ndən* , həm də "Günahkarların Başçısına Bol Lütf"dən bəhs edən bu kitab, Con Banyanın mesajını müasir həyata gətirir - zamansız həqiqəti gündəlik itaətə çevirir.
Hər gün sizi aşağıdakılara aparır:
Daxili vəziyyətinizin reallığı
Həqiqət və gecikmə arasındakı gərginlik
Əsl itaətkarlığın dəyəri
Transformasiya intizamı
Bitirmək üçün tələb olunan dözümlülük
Bu, heyranlıqla oxunmalı bir kitab deyil.
Gəzmək üçün bir yoldur.
Əgər nə vaxtsa hiss etmisinizsə:
məhkumluğun ağırlığı
diqqəti yayındıran şeyin cəlbediciliyi
inandığınızı yaşamaq üçün mübarizə
onda bu səyahət sizin üçündür.
Təkcə yolu anlamaq üçün deyil,
həm də onu gəzmək üçün.

ƏVVƏLCƏDƏN OXUCU RƏYLƏRİ

1. Pastor / Kilsə Lideri
"Bu, sizin təyin etdiyiniz bir dua deyil, diqqətlə nəzərdən keçirdiyiniz bir duadır. Bu, passiv Xristianlıqdan kənar insanları qarşılayır, aydınlaşdırır və canlı itaətə çağırır. Mən bundan rəhbərlik qrupumuzla birlikdə istifadə edəcəyəm."

2. Gənc Yetkin (İman Axtarır)
"Mən əvvəllər "Ziyarətçinin Səyahəti"ni oxumuşam, amma ilk dəfədir ki, onun həyatıma birbaşa təsir etdiyini hiss edirəm. O, sadəcə şeyləri izah etmirdi, həm də şeyləri üzə çıxarırdı. Və bu, mənim Allahla olan yolumu necə gördüyümü dəyişdi."

3. Şagirdlik Qrupunun Rəhbəri
"Bu, gördüyüm ən struktur cəhətdən sağlam şagirdlik vasitələrindən biridir. Tələsik transformasiya etmir, tələb edir. Hər gün inkişaf edir və heç nə lazımsız hiss olunmur."

4. İlahiyyat tələbəsi
"Məni ən çox təsirləndirən yazı intizamıdır. Bu əsər təqlid etmədən Bunyanın ağırlığını daşıyır və onun fikirlərini şişirtmədən tətbiq edir. Bu, ibadət dolumu deyil, formalaşma ədəbiyyatıdır."

5. Məşğul Peşəkar
"Bu qədər qısa gündəlik xəbərin bu qədər dağıdıcı olacağını gözləmirdim - yaxşı mənada. Bu, sizi boğmur, amma rahat qalmağınıza imkan vermir. Bu, nadir haldır."

6. Yetkin Mömin (20 ildən çox imanda)
"Düşünürdüm ki, bu kitabın gətirdiyi inancdan kənara çıxmışam. Yanılmışdım. Bu, tanışlığı aradan qaldırır və sizi həm ayıq, həm də zəruri bir şəkildə dar yola qaytarır."

7. Yeni Mömin
"Bəzi hissələr çətin idi, amma çaşdırıcı deyildi. Bu, mənə Məsihin ardınca getməyin təsadüfi olmadığını erkən anlamağa kömək etdi və bu, imanımı əvvəldən ciddiyə almağıma kömək etdi."

8. Nazirlik Təcrübəçisi / İnkişaf Etməkdə Olan Lider
"Bu kitab liderliyimi formalaşdırdığından xəbərsiz olduğum sahələri, xüsusən də nəzarət, görünürlük və itaətkarlıq məsələlərini üzə çıxardı. Bu, platformadan əvvəlki insanı formalaşdırır."

9. Xristian Məsləhətçisi / Mentor
"Bu, daxili vəziyyəti xarici itaətlə əlaqələndirən gördüyüm ən aydın mənbələrdən biridir. O, insanları düzəltməyə çalışmır, onları dəyişdirilməyə hazırlayır."

10. Şübhəçi Oxucu / İmana Qayıdış
"İlk bir neçə gündən sonra davam edəcəyimi gözləmirdim - amma gözlədim. Asan olduğuna görə yox, dürüst hiss olunduğuna görə. Bu, emosiyaları manipulyasiya etmir - reallıqla üzləşir."

11. Kiçik Qrup İştirakçısı

"Qrup formatı çox gözəl işləyir. Suallar müzakirəyə deyil, düşünməyə gətirib çıxarır. Və bu, apardığımız söhbətlərin növünü tamamilə dəyişdirir."

12. Bazar Lideri / İcraçı

"Bu kitab mənəvi həqiqəti intizamlı həyata çevirir. İnanc və təcrübə arasındakı ayrılığı aradan qaldırdı. Təkcə bu, onu səyahətə dəyər etdi."

AÇAR SÖZLƏR KATEQORİYALAR

40 günlük xristian dini səyahəti;
Zəvvarın Tərəqqisi dini bələdçisi;
Con Banyanın mənəvi inkişaf kitabı;
Xristian şagirdliyi və transformasiya;
Xristian həyatının dar yolunda getmək;
Gündəlik xristian itaəti və iman təcrübəsi;
Yetkinlər üçün mənəvi formalaşma dini ayinləri;
Xristian səyahəti, özünümüayinə imanı;
Günahın və diqqətin yayındırılmasının öhdəsindən gəlmək üçün Xristian kitabı;
İnkişaf üçün dərin xristian sədaqəti;

KATEQORİYALAR

DİN / Xristian Həyatı / Mənəvi İnkişaf
DİN / Xristian Həyatı / İMAN
DİN / Xristian Həyatı / Şagirdlik
BİOQRAFİYA VƏ AVTOBİOQRAFİYA / Dini
DİN / Xristianlıq / Ədəbiyyat və İncəsənət

HƏSR

Geri dönməkdən imtina edənlər üçün

Bu kitab, olduqları yerdə qala bilməyəcəklərini bilmək üçün kifayət qədər görmüş insanlara həsr olunub.
Hələ izah edə bilməsələr belə, bir şeyin dəyişməli olduğunu sakitcə dərk edənlərə.
Səyahətə başlayanlara — qeyri-müəyyən, qeyri-kamil, lakin aşkar olanları görməzdən gəlmək istəməyənlərə.
Müqavimətdən keçən, daxili münaqişəyə dözən və geri dönmək daha asan olduqda davam etməyi seçənlər üçün.

İmanın hisslərlə deyil, qərarlarla dəstəkləndiyini öyrənənlərə.
Yol asan olduğuna görə deyil, onu tərk etməməyi seçdikləri üçün sabitləşənlərə.
Davam etməyin ağırlığını hiss edib, yenə də davam edənlərə.
Və hələ də bunu dərk etməyən, lakin həyatları həqiqətin sadəcə başa düşülmədiyi, həm də ona itaət edildiyi zaman nə etdiyinin canlı şahidləri kimi - sakitcə, sabit şəkildə - yazılanlara.
Kaş ki, bu səyahət bu səhifələrdə qalmasın.
Qoy həyatınızda kök salsın.
seçdiyiniz yolun aydın və oxunaqlı şahidi olasınız .

TƏŞƏKKÜR

Görünən və Görünməyən İş Üçün

Bu kitab mövcuddur, çünki həqiqət səhifələrlə məhdudlaşmır — daşınır, mübarizə aparılır, yaşanır və cavab verməyi seçən həyatlar vasitəsilə ötürülür.

Con Banyanın əbədi şahidliyini qəbul edirik . Onun dürüstlüyü, dərinliyi və həqiqətə sarsılmaz sadiqliyi təkcə xristian düşüncəsini formalaşdırmayıb, həm də hər dövrdə dərin əhəmiyyət kəsb edən bir yol təqdim edib. Onun yaşadığı və yazdığı şeylər dar yolda səmimiyyətlə getmək istəyənlərə yol göstərməyə davam edir.

Həyatları eyni səyahəti sakitcə təcəssüm etdirən saysız-hesabsız tanınmış və naməlum möminləri təqdir edirik. Tanınmadan sədaqətlə gedən, alqışlar olmadan dözən və heç kimin görmədiyi zaman sabit qalanlar. Onların həyatları bu kitabın əks etdirməyə çalışdığı eyni canlı şahidliyin bir hissəsidir.
Məlumat üçün deyil, dəyişiklik üçün oxuyanları, bu səyahətə dürüst yanaşanları, həqiqətin onları üzləşdirməsinə, formalaşdırmasına və təkmilləşdirməsinə imkan verənləri təqdir edirik. Belə oxucular olmadan bu kitab yarımçıq qalardı - çünki yazılı şəkildə deyil, həyatda tamamlanır.
Biz həmçinin hər bir oxucunun daxilində baş verən görünməyən işləri - sakit qərarları, daxili dəyişiklikləri, heç kimin müşahidə edə bilməyəcəyi müqavimət, təslim olma və uyğunlaşma anlarını qəbul edirik. Bunlar kiçik şeylər deyil. Onlar əsl transformasiyanın mahiyyətidir.
Nəhayət, qəbul edirik ki, bu səyahət yalnız insan səyləri ilə davam etmir. Şüurla başlayan şey lütflə irəliləyir, əzmkarlıqla gücləndirilir və qalmaq istəyi ilə tamamlanır.
Qoy burada yazılanlar bu səhifələrdən kənara da davam etsin.

Və qoy bu səyahətə çıxan hər bir həyat zamanla həqiqətin yaşandığı zaman nə etdiyinin aydın və sadiq ifadəsinə çevrilsin.

ÖN SÖZ

Bir Hekayə Güzgüyə Çevriləndə

Xristian inancı heç vaxt yalnız ideyalarla dəstəklənməyib.
Bu, həyatlar boyu davam etdirilib.
Müqəddəs Yazıların ilk səhifələrindən bu günə qədər Allah Özünü yalnız yazılanlarla deyil, həm də yaşananlarla tanıtmışdır. Həqiqət sözlə aşkar olur, lakin onunla uyğunlaşmağı seçən həyatlarda təsdiqlənir. Müqəddəs Yazılar danışır; həyatlar şərh edir. Təlim izah edir; itaət nümayiş etdirir.
Buna görə də **Con Banyanın hekayələri** yaşamağa davam edir.
tanınmaqda davam etdikləri üçün .
Bunyanın həyatı rahatlıq, aydınlıq və ya fasiləsiz irəliləyişlə müəyyən edilməmişdi. Bu həyat daxili münaqişə, uzun sürən mübarizə, müqavimət, gecikmə, inam, təslim olmaq və əzmkarlıqla yadda qalmışdı. O, imanın cilalanmış versiyasını təqdim etmədi. O, bu prosesi dürüst, ağrılı və maskalanmadan ifşa etdi.
Və bunu etməklə, o, Kilsəyə kitabdan daha çox şey verdi.
güzgü verdi .
"Ziyarətçinin Səyahəti" sadəcə heyranlıq doğuran bir alleqoriya deyil. Bu, inanc altında olan insan ruhunun əksidir, həqiqət şəxsi hala gəldikdə yaranan gərginliklərin xəritəsidir və mükəmməl deyil, israrla yeriməyə hazır olanlar üçün bir bələdçidir.
sadə bir inanc üzərində qurulmuş *Canlı Məktublar – 40 Günlük İbadət Seriyasının* bir hissəsidir :
Həqiqət hərəkətdə göründükdə bu şagirdlik daha da dərinləşir.
Uzaqdan izah edilmədi,
amma təzyiq altında yaşadı.
Heyran deyildim,
amma itaət etdim.
Bu kitab Bunyanın əsərini əvəz etmək üçün yazılmayıb.

daha da yaxınlaşdırmaq üçün yazılıb .
Başqa bir dövrdə yazılanları götürüb birbaşa indiki zamana yönəltmək — onun dərinliyini yaşanmış təcrübəyə çevirmək, mövzularını gündəlik qərarlara cəlb etmək və oxucunu təkcə anlama yolu ilə deyil, həm də **iştirak yolu ilə istiqamətləndirmək** .
Çünki Bunyanın təsvir etdiyi səyahət yalnız onun həyatı ilə məhdudlaşmır.
Bu, həqiqətlə qarşılaşan və onunla nə edəcəyinə qərar verməli olan hər bir həyatda davam edir.
Bu ibadət qırx günlük bir yol kimi qurulmuşdur — tez bir zamanda tamamlanmaq üçün deyil, şüurlu şəkildə getmək üçün. Hər gün oxucunu Bunyanın səyahətini formalaşdıran eyni gərginliklər, qərarlar və formalaşmalarla təmasa gətirmək və bu reallıqları şəxsi etmək üçün nəzərdə tutulmuşdur.
Nəzəri deyil.
Uzaq deyil.
Amma dərhal.
Bu, daha çox oxumaq üçün bir çağırış deyil.
cavab vermək üçün bir çağırışdır .
Sizdən yola heyran olmağınız istənilmir.
Sizi gəzməyə dəvət edirlər.
Və bunu etdikcə bir şey aydınlaşacaq:
Hekayə səhifədə qalmır.
sizdə formalaşmağa başlayır .

GİRİŞ

Səyahətin Şəxsi Olduğu Yer

Hər həyatda elə bir an gəlir ki, həqiqət artıq uzaqda deyil. Artıq bu, təhlükəsiz məsafədən oxuduğunuz, müzakirə etdiyiniz və ya heyran olduğunuz bir şey deyil. Əvvəlcə sakitcə, sonra getdikcə daha aydınlaşaraq daxilə doğru irəliləməyə başlayır, ta ki bir vaxtlar istəyə bağlı görünən şey qaçılmaz görünməyə başlayır. Bu, həmişə dramatik olmur. Həmişə qətiliklə gəlmir. Amma asanlıqla atılması mümkün olmayan bir yük daşıyır.

Con Banyan bu anı yaxşı başa düşürdü.

Xristian tarixinin ən nüfuzlu səslərindən biri olmazdan əvvəl, o, öz daxilində dərin narahatlıq keçirən bir insan idi. O, laqeyd deyildi. O, xəbərsiz deyildi. Əslində, o, vəziyyətinin ağrılı şəkildə fərqində idi. Fikirləri daxilinə yönəldi, vicdanı daha da ucaldı və Allah qarşısında məsuliyyət hissini görməzdən gəlmək mümkün olmadı. O, nə asanlıqla imana çatdı, nə də tez irəlilədi. O, gecikdi. O, mübarizə apardı. O, gecikdi. Və yenə də, o, daxilindəki bir şeyin cavab tələb etdiyinin artan şüurundan qaça bilmədi.

Onun hekayəsi bizim hekayəmizə çevrildiyi yer budur. Çünki Bunyanın təsvir etdiyi mübarizə onun dövrü ilə məhdudlaşmır. O, dil, mədəniyyət və ya nəsil ilə məhdudlaşmır. Bu, müasir oxucuda mövcud olan eyni gərginlikdir - həyatın müvafiq hərəkəti olmadan həqiqətin dərk edilməsi. Bu, bir şeyin səhv düzüldüyünün sakit şəkildə qəbul edilməsi və onu dəyişdirməyə qarşı eyni dərəcədə güclü müqavimətdir. Bu, bilməklə etmək, inancla itaət arasında, yolu görməklə həqiqətən ona addımlamaq arasındakı boşluqdur.

Bu kitab həmin məkan üçün yazılıb.

Oxucunun biliyinin olmadığını düşünmür. Daha çətin bir şey olduğunu - oxucunun artıq yaşadığından daha çox şey bildiyini güman edir. İnamın özündə çətinlik olmadığını qəbul edir. Daha böyük çətinlik uyğunlaşmaqdır. Razılaşmadan

hərəkətə, niyyətdən itaətə, həqiqəti qəbul edən bir həyatdan onunla formalaşan bir həyata keçmək.
Bunyanın yazıları bu keçidi qeyri-adi aydınlıqla ortaya qoyur. *"Günahkarların Başçısına Bol Lütf"* əsərində o, inamın daxili dünyasını - qorxuları, şübhələri, sualları və həll olunmayan amansız düşüncələri ifşa edir. Bu, cilalanmış bir hekayə deyil. Xam, dürüst və çox vaxt narahatdır. O, özünü güclü kimi deyil, ziddiyyətli kimi təqdim edir. O qədər də əmin deyil, amma axtarışdadır. Və bunu etməklə, o, çoxlarının yaşadığı, lakin az adamın ifadə etdiyi mübarizəyə dil verir.
"Zəvvarın Səyahəti" ndə həmin daxili mübarizə formalaşır. Bir vaxtlar daxili olan şey görünür. Yük artıq gizlənmir. Səyahət başlayır. Yol açılır. Maneələr ortaya çıxır. Səslər çağırır - bəziləri yol göstərməyə, digərləri isə diqqəti yayındırmağa. Tərəqqi edilir, sonra sınaqdan keçirilir. Aydınlıq qazanılır, sonra isə çətinliklər yaranır. Və bütün bunlardan sonra bir reallıq sabit qalır: səyahət qət edilməlidir.
Bu iki əsər birlikdə tam bir mənzərə yaradır - biri daxili, digəri xarici. Biri ürəyin vəziyyətini, digəri isə getməli olduğu yolu ortaya qoyur. Bu kitab onları bir daha izah etmək üçün deyil, **sizi onlara dəvət etmək üçün bir araya gətirir** .
Çünki bu, nəticə etibarilə Bunyanın səyahəti deyil.
Bu sənindir.
Daxil olacağınız quruluş qəsdən hazırlanmışdır. Bu, sizi tələsdirmir, amma dəyişməz də qoymur. Qırx gün ərzində Bunyanın özünün yaşadığı irəliləyişi əks etdirən mərhələlərdən keçəcəksiniz: oyanış, ayrılma, münaqişə, formalaşma və əzmkarlıq. Bunlar nəzəri mərhələlər deyil. Bunlar həqiqət bir həyata hakim olmağa başlayanda üzə çıxan reallıqlardır. Özünüzü tez tanıya bilərsiniz. Yaxud gördüklərinizə müqavimət göstərə bilərsiniz. Hər ikisi prosesin bir hissəsidir. Əhəmiyyətli olan necə başlamağınız deyil, davam etməyə hazır olub-olmamağınızdır.
Bu kitab sizi məlumatla doldurmayacaq. Hər sualı həll etməyə və ya hər gərginliyi aradan qaldırmağa çalışmayacaq. Əksinə, daha tələbkar bir şey edəcək - sizdən cavab verməyinizi istəyəcək. Hər gün qarşınıza bir şey çıxaracaq. Bir an. Bir

həqiqət. Bir düşüncə. Və sonra, sakitcə, lakin aydın şəkildə, hərəkətə dəvət.
İctimaiyyətə açıq şəkildə deyil. Performansa uyğun deyil. Amma şəxsən.
Səndən başqası olmağa çalışılmır.
Səndən dürüst olmağa çalışılır.
Harada olduğunuz barədə dürüst olun.
Bildikləriniz barədə dürüst olun. Gecikdiyiniz şeylər barədə dürüst olun.
Çünki dürüstlük başlayandan sonra hərəkət mümkün olur.
Hərəkət başladıqdan sonra səyahət artıq nəzəri deyil.
Bu, gerçəkləşir.
Bunu mükəmməl şəkildə tamamlamaq üçün heç bir təzyiq yoxdur. Dərhal transformasiya gözləntisi yoxdur. Amma belə bir fərziyyə var ki, davam etsəniz, bir şey dəyişməyə başlayacaq - hamısı birdən-birə deyil, kəskin şəkildə deyil, tədricən.
Əsl formalaşma belə baş verir.
Yavaş-yavaş. Sakitcə. İsrarla.
Bir vaxtlar müqavimət göstərilən şey seçilənə qədər.
Ta ki, bir vaxtlar uzaq olan şey şəxsi hala gələnə qədər.
Bir vaxtlar oxunan şey yaşanana qədər.
Sən səyahətin sonunda deyilsən.
Artıq bunu görməzdən gələ bilməyəcəyiniz bir nöqtədəsiniz.
Və hər şey də elə buradan başlayır.

1-Cİ HİSSƏ GİRİŞ

Səyahət başlamazdan əvvəl

Rahatlıq tapa bilməyən bir ruhun yaradılması

Xristian həyatının zahirən sabit görünən, lakin daxilən dərindən həll olunmamış bir versiyası var. O, iman dilini bilir, doğru ilə yanlış arasındakı fərqi tanıyır və hətta dini fəaliyyətdə iştirak edə bilər, amma bütün bunların altında bir şey sakitcə, israrla və çox vaxt aydın izahat olmadan sabit qalmır. Səyahət həqiqətən də aydınlıq və ya inamla deyil, narahatlıqla başlayır.

İstiqamət verilməzdən əvvəl, bir şeyin səhv olduğunu hiss etməlidir. İnsan Məsihin ardınca getməyə başlamazdan əvvəl, yapışdıqları şeyin onları daha da irəli apara bilməyəcəyi narahat reallığı ilə üzləşməlidir. Bu, **Con Banyanın (1628–1688)** bir vaxtlar yaşadığı məkandır - dərhal əminlik içində olan bir insan kimi deyil, narahatlıq, ziddiyyət və daxilində bir şeyin uyğunlaşmadığının getdikcə daha çox dərk etməsi ilə xarakterizə olunan bir insan kimi.

Bunyan şüursuz deyildi; onun istirahəti yox idi. O, günaha meylli idi, lakin bundan narahat idi, Allahdan xəbərdar idi, lakin Onunla barışa bilmirdi. Bu fərq çox vacibdir, çünki bu gün bir çoxları eyni gərginlikdə yaşayırlar: məsuliyyət hiss etmək üçün kifayət qədər həqiqəti bilirlər, lakin azad olmaq üçün kifayət qədər təslim olmurlar. Onlar inamla diqqət yayındırma, qısa ciddiliklə uzun müddətli qaçınma arasında hərəkət edirlər, bir şeyin səhv olduğunu hiss edirlər və zamanla öz-özünə həll olunacağına ümid edirlər. Amma bu belə deyil.

Bunyanın təcrübəsində, şüur yükü yüngülləşdirmədi, əksinə, onu daha da artırdı. Fikir daxilə yönəldi, suallar kəskinləşdi və qorxu daha da müəyyənləşdi. O, məsələnin sadəcə etdiyi şeylərdə deyil, nəyə çevrildiyində olduğunu anlamağa başladı. Onun hekayəsi müasir ruhu əks etdirməyə başladığı yer budur: mütləq şəraitdə deyil, naxışda. Uyğunsuzluğun artan şüuru, bu şüuru tamamilə susdura bilməmək və hazırda yaşandığı kimi həyatın qeyri-kafi olduğunu sakitcə qəbul etmək.

Çoxları bu gərginliyə onu həll etmək əvəzinə, onu idarə etməklə reaksiya verirlər. Onlar özlərini yayındırır, qərarları təxirə salır və inamı yumşaldır, zahirən funksional olaraq davam edir, daxilən isə narahat qalırlar. 1-ci hissə bu məkandan keçməyə tələsmir; o, onun daxilində qalır. Şüur artdıqda, lakin aydınlıq artmadıqda, inamı dərinləşdikdə, lakin istiqamət qeyri-müəyyən qaldıqda və bir insanın dəyişikliyin zəruri olduğunu hiss etməyə başladıqda, lakin hələ necə irəliləyəcəyini bilmədikdə nə baş verdiyini araşdırır.

"Zəvvarın Yürüşü"nü yazmazdan əvvəl , qarşıdakı yolun mahiyyətini anlamazdan əvvəl, daxilində nələrin baş verdiyini anlamağa çalışan bir insan idi. Onun səyahəti güclə deyil, ifşa ilə başladı. Növbəti fəsilləri oxuduqca çox tez təhlil etmək istəyindən çəkinin. Bunun əvəzinə, daxilinizdəki səthlərə diqqət yetirin - harada narahatlıq davam edir, harada müqavimət qalır, harada inam qəbul edilir, lakin harada əmələ gətirilmir.

Bu bölmə sizdən hələ bir şeyi dəyişdirməyinizi istəmir; diqqət yetirməyinizi xahiş edir. Çünki insan dar yolla getməzdən çox əvvəl, dayandığı yerdə sakit olmadığını anlamalıdır. Bu aydın olana qədər səyahətə başlaya bilməz.

Fəsil 1 — Sakit otura bilməyən bir ruh

Narahatlıq, səs-küy və daha çox şey axtarmaq

Mən başlanğıcda Allahı müəyyən bir məqsədlə axtaran bir insan deyildim və həyatımın dəyişikliyə ehtiyacı olduğunu açıq şəkildə hiss etmirdim. Başqalarının yaşadığı kimi yaşayırdım, onlar danışdığı kimi danışırdım və mənə zövq və yoldaşlıq gətirən şeylərə sərbəst şəkildə həsr edirdim. Davranışımda məni adi insanlardan fərqləndirəcək heç bir zahiri şey yox idi, ilk baxışdan isə özümü ciddi şəkildə araşdırmağa məcbur edəcək heç bir şey yox idi. Lakin hətta o günlərdə belə, bu kimi məsələləri düşünmədiyim zamanlarda belə, tamamilə tək qalmamışdım.

Bəzən gözlənilmədən içimdə müəyyən bir maneə yaranırdı, bu, məni tamamilə dayandıracaq qədər güclü deyildi, amma istədiyim kimi etdikdən sonra məni narahat edəcək qədər güclü deyildi. Yolumla davam edə bilirdim və tez-tez dərhal fasiləsiz hərəkət edirdim, amma sonradan tamamilə rədd edə bilmədiyim bir şey qalırdı. Həmişə eyni qüvvə ilə gəlmirdi, eyni dərəcədə yanımda qalmırdı, amma tez-tez o qədər geri qayıdırdı ki, dincəldiyimi deyə bilmirdim. Bir vaxtlar yüngülcə etdiyim şey, yavaş-yavaş olsa da, əvvəllər bilmədiyim bir yüklə məni izləməyə başladı.

Mən bu narahatlığa dərhal təslim olmadım və bunu qəti cavab tələb edən bir şey kimi qəbul etmədim. Əksinə, öz yoluma davam etdim, öz-özümə düşündüm ki, etdiyim iş başqalarının etdiklərindən pis deyil və əgər narahatlığa hər hansı bir səbəb varsa, başqa vaxt həll edilə bilər. Amma düşündüyüm qədər, içimdə yaranmağa başlayan şeyləri tamamilə susdura bilmədim. Etdiyim işin əvvəlki rahatlığını itirdiyi anlar olurdu, çünki onu tərk etməyi seçmişdim, əksinə, içimdəki bir şey artıq əvvəlki kimi onunla uyğun gəlmirdi.

Bir dəfə zərərsiz hesab etdiyim bir işlə məşğul olduğum zaman ağlıma qeyri-adi bir kəskinliklə bir fikir gəldi və günahlarımı tərk edib cənnətə gedəcəyimi, yoxsa günahlarımı saxlayıb cəhənnəmə gedəcəyimi soruşdu. Bu, adi bir keçici fikir deyildi, əksinə, asanlıqla rədd edə bilməyəcəyim bir şəkildə üzərimə yönələn bir fikir idi. O anda anladım ki, qarşımda duran alternativin daha böyük əhəmiyyət kəsb etdiyini inkar edə bilməsəm də, sahib olduğum şeylərdən imtina etmək istəmirəm. Beləliklə, suala cavab vermədim, əvvəlki sadəliyimlə ona qayıda bilməsəm də, yenidən əvvəlki yoluma qayıtdım.

O vaxtdan etibarən öz içimdə əvvəllər eyni şəkildə olmayan bir bölünmə tapdım. Hələ də davam edə, həmişə etdiyim işlə məşğul ola bilərdim, amma artıq özümdə eyni deyildim. Əvvəllər tez keçən şeylər indi qalırdı və əvvəllər heç bir təəssürat yaratmayan şeylər sonradan getdikcə daha aydın şəkildə yadıma düşürdü. Hələ tam olmasa da, içimdə bir şeyin ifşa olunduğunu və bu ifşanın mənim seçimim olmadığını görməyə başladım.

Bəzən bu düşüncələrdən qurtulmaq üçün onlara daha az diqqət yetirməklə və ya bir vaxtlar məni narahat etmədən məşğul edən şeylərə daha çox qayıtmaqla düşünürdüm. Amma gördüm ki, bu, ümid etdiyim kimi alınmadı. Bir müddət kənara qoyduğum şey yenidən gəlirdi və çox vaxt daha böyük güclə, ona görə də ondan tamamilə qaça bilmirdim. Sanki məni əvvəlki kimi qoymayacaq bir şey izləyirdi.

Bu vəziyyət məni dərhal qərarlı bir qərara gətirmədi və dərhal fərqli bir həyata aparmadı. Əksinə, məni narahat bir vəziyyətdə qoydu, nə əvvəlki rahatlığıma qayıda, nə də anlamadığım şeylərə doğru irəliləyə bildim. Mən cahil deyildim, amma təslim olmadım. Narahat olmaq üçün kifayət qədər bilirdim, amma rahat olmaq üçün kifayət deyildi.

Və bu narahatlıq, o vaxtlar bilməsəm də, sonrakı bütün hadisələrin başlanğıcı idi. Çünki insan qismən oyandıqdan sonra belə, asanlıqla yuxuya gedə bilməz, baxmayaraq ki, dəfələrlə buna cəhd edə bilər. İçimdə geri dönməyəcək bir şey başlamışdı və bir müddət əvvəlki kimi davam etsəm də, artıq toxunulmamış deyildim.

BÖLMƏ NÖQTƏLƏRİ

Dürüst Diqqət üçün Suallar

Bu sualları tələsdirməyin.
Onları oxuyarkən öz təcrübənizə əsaslanın.

1. Həyatınızın hansı hissəsində zahirən normal bir şeyə davam etmisiniz, daxilinizdə isə bir şey buna müqavimət göstərməyə başlayıb?
   Dayandırmaq üçün kifayət deyil, amma narahat etmək üçün kifayətdir.
2. Artıq əvvəlki qədər sadə və ya məmnunedici olmasa da, nəyə dəfələrlə qayıdırsınız?
   Bu təcrübədə nə dəyişib?
3. Artıq haqlı çıxardığınız bir şeyi etdikdən sonra özünüzdə sakit bir "yoxlama" hiss etmisinizmi?
   Bu narahatçılıqla nə etdiniz?
4. Özünüzü indiki vəziyyətdə saxlamaq üçün hansı yollarla mühakimə edirsiniz?
   Dəyişikliyi gecikdirmək üçün hansı arqumentlərdən istifadə edirsiniz?
5. Ümumi bir fikir kimi deyil, asanlıqla rədd edə bilməyəcəyiniz birbaşa və şəxsi bir sual kimi ağlınıza hansı həqiqət gəldi?
   Bu həqiqət gələndə nə etdiniz?
6. Özünüzdə - etdiyinizlə görməyə başladığınız şeylər arasında - böyüyən bir bölünməni harada hiss edirsiniz?

7. Nəyi susdurmağa, qarşısını almağa və ya inkişaf etdirməyə çalışmısınız - amma sonradan onun daha aydın şəkildə geri qayıtdığını görmüsünüz?
8. Həyatınızın hansı sahəsində, cəhd etsəniz belə, bir vaxtlar sahib olduğunuz rahatlığa qayıda bilməzsiniz?

Oxucu üçün zərif istiqamətləndirmə

Narahatlıq uğursuzluq deyil.
Çox vaxt bir şeyin başladığının ilk əlamətidir.

Sizdən hələ heç nəyi həll etməyiniz istənilmir.
Sadəcə, artıq harada dinclik hiss etmədiyinizi anlamaq üçün.

Çünki narahatlıq aydınlaşdıqdan sonra
sadəliyə qayıtmaq artıq mümkün deyil.

Fəsil 2 — Günah özünü kiçik hiss etməyi dayandıranda

Şüurun Çəkiyə Çevrildiyi Gün

Bu vəziyyətdə davam etdikcə, əvvəlcə narahatlıq kimi görünən şeyin ümid etdiyim kimi məni tərk etmədiyini, əksinə, getdikcə daha çox ağırlıqla üzərimə çökdüyünü gördüm, buna görə də əvvəllər az fərqinə vardığım şeyləri artıq əhəmiyyətsiz hesab edə bilmirdim. Qəfildən dəyişdiyim və ya yeni bir yola qərar verdiyim deyildi, əksinə, bir vaxtlar düşünmədən keçdiyim şey indi asanlıqla qaça bilməyəcəyim bir inadkarlıqla yadıma düşdü. Əvvəlki yollarım qaldı, amma artıq əvvəlki kimi üzərimdə deyildi.

Ehtiyatsızlıqdan dediyim bəzi sözlər indi yadıma düşdü, keçici xatirə kimi deyil, nəticəsi olan bir şey kimi. Özümü saxlamadan etdiyim, indi əvvəllər bilmədiyim bir ağırlıqla məni izləyən hərəkətlər var idi. Bunun niyə belə olduğunu tam olaraq deyə bilmədim, nə də tamamilə müqavimət göstərə bildim, amma bir vaxtlar kiçik hesab etdiyim şeyləri artıq rədd edə bilmədiyimi gördüm. Sərbəst yaşadığım şeylər indi üzərimə çökməyə başladı.

Bununla, vəziyyətimin - zəif də olsa - düşündüyüm kimi olmadığını anlamağa başladım. Çünki əgər bunlar düşündüyüm qədər zərərsiz idisə, niyə indi məni narahat etməlidirlər? Niyə bu qədər güclü şəkildə geri qayıtmalıdırlar? Və niyə onları düşünəndə özümü rahat hiss etməməliyəm? Bu suallar birdən-birə yaranmadı və mən onlara cavab vermədim, əksinə, onlar mənimlə qaldı və qalmaqla narahatlığımı artırdı.

Bəzən öz-özümə qərar verirdim ki, zahiri olanı düzəldə bilsəm, bir az sakitlik tapacağam. Daha diqqətli danışmağa, daha təmkinli davranmağa çalışırdım və bir müddət bunu edə biləcəyimi anladım. Lakin bu, mənə gözlədiyim rahatlığı gətirmədi, çünki bəzi şeyləri dəyişdirsəm də, özümü dəyişdirmədim. İçimdə olan dəyişməz qaldı və dəyişməz kökdən eyni düşüncələr və meyllər yenidən yarandı.

Bu kəşf məni əvvəlkindən daha çox narahat etdi, çünki məsələnin təkcə etdiyim işlərdə deyil, həm də olduğum işlərdə olduğunu görməyə başladım. Zahirən özümdən çıxsam da, daxilən yenə də razı olduğumu gördüm. Daha nizamlı görünsəm də, yenilənmədiyimi bilirdim. Və bu, məni əvvəlkindən daha böyük bir çətinliyə saldı, çünki qüsur yalnız hərəkətlərimdə olsaydı, onu düzəldə bilərdim; amma bunu təbiətimdə tapdığım üçün ona necə çatacağımı bilmirdim.

Elə anlar olurdu ki, əvvəlki həyat tərzimə qayıdıb, bəlkə də bu məsələləri çox ciddi qəbul etdiyimə və ya zamanla onlar məndən keçəcəyinə inandıraraq bu narahatlıqları susdurmağa çalışırdım. Amma gördüm ki, onlar keçməyib, əksinə, daha güclü şəkildə geri qayıdıb, ona görə də susdurmaq istədiyim şeyləri aradan qaldırmaq daha da çətinləşib. Vəziyyətimi dəfələrlə nəzərdən keçirməyə çağırılırdım, baxmayaraq ki, hələ də sona qədər davam etdirməyə hazır deyildim.

Bununla bağlı daha bir çətinlik kəşf etdim ki, təkcə anlayışda deyil, həm də istəkdə bölünmüşdüm. Müəyyən dərəcədə nəyin doğru olduğunu gördüm, amma sevdiyim şeylərdən ayrılmaq istəmədiyimi gördüm. Tamamilə cahil deyildim və yenə də qərarlı deyildim. Bilmədiyimi deyə bilməzdim, amma təslim olduğumu da deyə bilməzdim. İçimdəki bu bölünmə mənə rahatlıq vermirdi, çünki qorxmağa başladığım şeylə hələ tərk etmək istəmədiyim şey arasında qalmışdım.

Beləliklə, bir müddət bu narahat vəziyyətdə qaldım, nə əvvəlki həyat tərzimdən azad oldum, nə də yeni bir yola qədəm qoydum, əksinə, getdikcə daha çox içimdə hər şeyin yaxşı olmadığı hissi ilə yükləndim. Özümü fərqli etmək qabiliyyətimə inamı itirməyə başladım, çünki bir müddət xarici görünüşü dəyişdirə bilsəm də, onun qaynaqlandığı şeyə çata bilmirdim. Və bu, məni tərk etməyən bir sualla, yəni özümü dəyişdirə bilməsəm nə etməli olduğumla bağlı sualla qarşılaşdırdı.

Və bu sual, o vaxt cavab verməsəm də, mənimlə qaldı və irəlilədikcə daha da ağırlaşdı, ta ki artıq vəziyyətimdə rahat olduğumu deyə bilməyənə qədər. Çünki bir vaxtlar kiçik olan şey əslində olduğu kimi görünməyə başlayanda, insanı tapdığı kimi tərk etmir, əksinə ona elə təsir edir ki, ya ondan üz döndərməli, ya da onun ağırlığı altında qalmalı olur. Və mən, bu zaman, məcbur olsam da, hələ üz döndərməmişdim.

BÖLMƏ NÖQTƏLƏRİ

Dürüst Diqqət üçün Suallar

Bu sualları tələsdirməyin.
Qoy onlar sizin oxuduğunuz yolla getsinlər.

1. Həyatınızda bir vaxtlar kiçik, zərərsiz və ya normal hiss etdiyiniz, amma ağırlıqla yenidən sizə qayıtmağa başlayan nə var?
   Şərait dəyişdiyinə görə yox, içinizdəki bir şey dəyişdiyinə görə.
2. Hansı sözlər, hərəkətlər və ya tərzlər yaddaşınıza qayıtmağa başlayıb - xatirə kimi deyil, nəticə kimi?
   Əvvəllər olmayan nələri daşıyırlar?
3. Vəziyyətinizin əvvəllər düşündüyünüz kimi olmadığını haradan hiss etməyə başladınız?
   Bu fərziyyəni nə pozub?
4. Özünüzü zahirən düzəltməyə — davranışınızı, danışığınızı və ya vərdişlərinizi düzəltməyə — çalışmısınız, amma heç bir daxili rahatlıq tapmamısınız?
   Səthin altında nə dəyişməz qalıb?

5. Məsələnin təkcə etdiyiniz işlərdə deyil, həm də meylli olduğunuz şeylərdə olduğunu necə aşkar etdiniz? Davranışdan daha dərin kök salmış nə hiss olunur?
6. Bir vaxtlar diqqətinizi yayındıran şeyə qayıdıb, amma artıq işə yaramadığını görərək harada əqidənizi sakitləşdirməyə çalışmısınız?
7. Özünüzdə bir bölünmə hiss edirsinizmi - doğrunu görüb sevdiyiniz şeylərdən ayrılmaq istəmirsiniz? Bu gərginliyi nə saxlayır?
8. Özünüzü dəyişdirmək qabiliyyətinizə olan inamı harada itirməyə başladınız? Dəfələrlə edilən cəhdlər nəyi üzə çıxardı?
9. Tam cavabı olmayan, amma görməzdən gəlmək mümkün olmayan hansı sual sizdə yaranmağa başlayıb? Özünüzü düzəldə bilməsəniz, bu nə demək olar?

Oxucu üçün zərif istiqamətləndirmə

Şüur həll olunmazdan əvvəl dərinləşir.

Bir vaxtlar idarəolunan kimi görünən şey daha dərin bir şeyi üzə çıxarmağa başlayır.
Təkcə davranışı deyil, həm də təbiəti.

Hələ dəyişməyiniz istənilmir.
Sadəcə, yalnız səylə nəyin dəyişdirilə bilməyəcəyini anlamaq üçün.

Çünki problem səthin altına doğru irəlilədikdə,
həll yolu artıq orada qala bilməz.

Fəsil 3 — Dəhşət, Günahkarlıq və Çox Gec Olmaq Qorxusu

Ruh Tanrını əbədi olaraq qaçırdığına inandıqda

Bu narahat vəziyyətdə irəlilədikcə, üzərimdə başlayan yük əvvəlki kimi qalmadı, əksinə daha dəhşətli bir şeyə çevrildi, ona görə də artıq sadəcə narahat deyildim, həm də çox qorxmuşdum. Çünki bir vaxtlar mənə narahatlıq kimi görünən şey indi təhlükə şəklini aldı, uzaq təhlükə yox, yaxın və xüsusilə mənə məxsus kimi görünürdü. Qorxmağa başladım, təkcə səhv etdiyimdən deyil, həm də sağalmadan sonra etdiyimdən.

Bu qorxu birdən-birə üstümə gəlmədi, tədricən daxil oldu, amma özünü büruzə verəndə asanlıqla sarsılmırdı. Əvvəllər çox da əhəmiyyət vermədən eşitdiyim Müqəddəs Yazıların bəzi sözlərinin indi mənə güclə gəldiyini və ümumilikdə deyil, birbaşa vəziyyətimə aid olduğunu gördüm. Onları həmişə düzgün tətbiq edə bilməsəm də, onları düşüncələrimdən gizlədə bilmədim, insan qoya bilmədiyi bir şeyi daşıdığı kimi yanımda gəzdirdim.

Bəzən öz-özümə düşünürdüm ki, bağışlana biləcəkdən artıq günah işlətmişəm və əgər lütf günü, əgər mənə açıq olsaydı, artıq keçmişdə qalıb. Bu fikir məni böyük dəhşətə saldı, çünki hələ də yaşasam da, artıq rədd edildiyimi və mənə qalanın ümid deyil, yalnız mühakimə gözləntisi olduğunu təsəvvür etməyə başladım. Və bu tez keçmədi, əksinə, dəfələrlə qayıtdı, ona görə də ondan rahatlıq tapa bilmədim.

Bu vəziyyətdə başqalarına baxıb onları təhlükəsiz hesab edirdim, halbuki təkbaşına kənarda qalmışdım. Onlarda sahib olmadığım bir azadlıq və çata bilmədiyim bir sakitlik görürdüm. Bu da mənim dərdimi daha da artırdı, çünki özümü təkcə günahkar deyil, həm də təkbaşına seçilən biri

hesab etməyə başladım, sanki mənim vəziyyətim digərlərindən fərqlidir. Mənə elə gəlirdi ki, başqasında bağışlana biləcək şey məndə bağışlanmayacaq.
Bəzən özümü bu qorxuların həddindən artıq olduğuna, lazım olduğundan daha irəli getdiyinə və bəlkə də hələ də barışığa gedə biləcəyimə inandırmaqla rahatlıq tapırdım. Amma bunu desəm də, içimdə yalnız özümü sakitləşdirmək üçün danışdığım və həqiqətən inandığım üçün deyil, güclü bir şübhə qalırdı. Çünki vəziyyətimi daha yaxından düşünəndə ürəyimin sözlərimlə razılaşmadığını gördüm.
Məni ən çox narahat edən təkcə etdiklərim deyil, həm də necə olduğum idi. Çünki gördüm ki, meyllərim Allaha deyil, Ondan uzaqdır və qorxudan qurtuluş istəsəm belə, onu verə biləni tam olaraq istəmədim. Bu kəşf məni rahatlatmadı, əksinə, kədərimi artırdı, çünki problemimin təkcə günahkarlıqda deyil, həm də məsafədə olduğunu və onu necə keçəcəyimi bilmədiyimi anlamağa başladım.
Elə anlar olurdu ki, əgər daha tez müraciət etsəydim, qəbul olunardım, amma indi çox gecikdiyim və bir vaxtlar mənim ola biləcək fürsəti itirdiyim üçün düşünürdüm. Və bu fikir məni ağırlaşdırırdı, çünki indi axtardığım şeyin artıq əlçatan olmadığını göstərirdi, çünki o, heç vaxt təklif olunmadığı üçün deyil, imkanım olanda istifadə etmədiyim üçün.
Bəs insan nəinki təhlükədə olduğundan, həm də artıq qaçmaq imkanından məhrum olduğundan qorxduğu zaman, başqalarının hələ gələ biləcəyini, amma özünün çox gec gəldiyini düşündüyü zaman, axtardığı qapı ona artıq bağlı kimi göründüyü zaman - zorla deyil, öz gecikməsi ilə? Bu düşüncələr məni aydınlığa aparmadı, əksinə, məni daha da çaşqınlığa və qorxuya saldı.
Beləliklə, bir müddət bu böyük qorxunun altında qaldım, necə həll edəcəyimi və ya necə qaçacağımı bilmədən, onu daim özümlə bir yük kimi daşıdım, bu da məni nə tərk etdi, nə də əvvəlki halıma qayıtmağıma imkan verdi. Çünki insan sağalmadan sonra itirə biləcəyinə inanmağa başlayanda, bu, diqqətsizlik deyil, bir növ daxili əzab yaradır ki, burada o, nə günah içində dincələ bilir, nə də qurtuluş axtarmaqda rahatlıq

tapa bilmir. Və bu vəziyyətdə dərin narahatlıq içində qaldım və hələ qurtula bilmədim.

BÖLMƏ NÖQTƏLƏRİ

Dürüst Diqqət üçün Suallar

Bu sualları tələsdirməyin.
Qoy onlar təzə oxuduğunuz ağırlıqla verilsin.

1. Heç hiss etmisinizmi ki, bir vaxtlar sizi narahat edən şey indi daha ciddi bir şeyə çevrilib - artıq narahatlıq yox, təhlükə?
   Baxışınızda nə dəyişib?
2. Xüsusilə Müqəddəs Yazılardan və ya inanclardan hansı həqiqətlər sizə ümumi deyil, şəxsən ünvanlandığını hiss etməyə başlayıb?
   Onları necə qəbul etmisiniz?
3. Heç həddindən artıq irəli getdiyinizdən, həyatınızdakı bir şeyin sağalmaqdan kənara çıxdığından qorxmusunuzmu?
   Tez cavab verməyin. Hisslərinizə diqqət yetirin.
4. Özünüzü başqaları ilə müqayisə edib onların "təhlükəsiz" olduğu qənaətinə gəldiyiniz halda, siz təhlükəsiz deyilsiniz?
   Sizin vəziyyətinizi fərqli edən nədir?
5. Qorxularınızın şişirdildiyini deyərək özünüzü sakitləşdirməyə çalışmısınız, halbuki daxilən buna tam inanmadığınızı hiss etmisinizmi?
6. Sizi daha çox nə narahat edir: nə etmisiniz, yoxsa nəyə çevrildiyinizi hiss edirsiniz?
   Yalnız günahkarlıq hissi yox, harada məsafə hiss edirsiniz?
7. Heç hiss etmisinizmi ki, daha tez cavab versəydiniz, işlər fərqli ola bilərdi — amma indi çox gecikmisiniz?
   Bu fikir sizə nə təsir edir?
8. Qorxudan qurtulmaq istəmək, amma onu verə biləni hələ tam olaraq istəməmək necə bir hissdir?
   Bu gərginliklə dürüstcə oturun.

9. Heç özünüzü bir vaxtlar olduğunuz kimi rahatlıq tapa bilmədiyiniz, lakin irəliləyişdə rahatlıq tapa bilmədiyiniz bir yerdə hiss etmisinizmi?

Oxucu üçün zərif istiqamətləndirmə

Qorxu bu mərhələdə sadələşmir, əksinə güclənir.
"Nə etdin?" deyil
, həm də *"Bəs çox gecdirsə?"* suallarını verməyə başlayır.
Sizdən hələlik bu qorxunu həll etməyiniz xahiş olunmur.
Sadəcə onun ağırlığını dərk etməyiniz tələb olunur.
Çünki ruh sağalmanın mümkün olmadığına inanmağa başlayanda
laqeyd qalmır.
Daha dərin bir şəkildə narahat olur -
geri qayıda bilmir və hələ irəliləyə bilmir.

Fəsil 4 — Təslim olmaqdan başqa hər şeyi sınamaq

Din, səy və sülh tapmamaq

Beləliklə, böyük bir qorxuya düşdüyüm və bundan necə qurtulacağımı bilmədiyim üçün, mənə rahatlıq gətirə biləcəyini düşündüyüm şeylərə özümü həsr etməyə başladım. Həyatımı daha yaxşı nizamlaya və dini məsələlərə daha ciddi yanaşa bilsəm, itirdiyim və ya bəlkə də heç vaxt doğru şəkildə bilmədiyim dincliyi bərpa edə biləcəyimi düşünürdüm. Beləliklə, sabit bir anlayışdan deyil, məni bürüyən dəhşətdən qaçmaq üçün güclü bir istəkdən irəli gələrək yollarımı islah etməyə başladım.

Sözlərimi boş və yüngül sözlərdən uzaq tutmağa çalışaraq, nitqimə daha çox diqqət yetirdim və indi günahkarlığımı artıra biləcəyindən qorxduğum şeylərdən qaçaraq hərəkətlərimi əvvəlkindən daha dar çərçivədə izlədim. Həmçinin, Müqəddəs Yazıları daha çox diqqətlə oxumağa və dinləməyə başladım, düşündüm ki, bunlarda vəziyyətimi yüngülləşdirəcək bir istiqamət tapa bilərəm. Bir müddət mənə elə gəldi ki, əvvəllər etmədiyim yollarla özümü saxlaya bildiyimi gördüm, çünki əvvəllər etmədiyim yollarla özümü saxlaya bildiyimi gördüm.

Lakin bu zahiri dəyişiklik ümid etdiyim qədər çatmadı, çünki görünənə forma verə bilsəm də, daxildəkini idarə edə bilmədim. Düşüncələrim nizamsız, istəklərim dəyişməz qaldı və daha nizamlı görünsəm də, yenilənmədiyimi bilirdim. Və bu, məni yenidən narahat etməyə başladı, çünki zahirən tələb olunanı yerinə yetirə biləcəyimi, eyni zamanda daxilən eyni insan olaraq qala biləcəyimi gördüm.

Bəzən özümü başqaları ilə müqayisə etməklə təsəlli tapırdım, bəziləri qədər diqqətsiz olmadığımı və ya əvvəllər olduğu kimi müəyyən günahlara açıq şəkildə qapılmadığımı görürdüm. Və bunda bir növ müvəqqəti rahatlıq tapdım, özümü bəlkə də vəziyyətimin qorxduğum qədər ümidsiz olmadığına inandırdım. Lakin bu rahatlıq uzun sürmədi, çünki özümü tək, müqayisəsiz hesab etmək üçün yenidən baxanda dayanmaq üçün möhkəm bir zəmin tapmadım.

Həmçinin, düzgün danışa və ya daha dərindən hiss edə bilsəydim, axtardığım şeyə daha da yaxınlaşa biləcəyimi düşünərək özümü duaya daha çox həsr etdiyim dövrlər də olurdu. Amma hətta burada belə çətinlik çəkirdim, çünki dualarım tez-tez diqqətimi yayındırırdı, sözlərim qeyri-müəyyən idi və ürəyim tam məşğul deyildi. Və bu, məni daha da şübhəyə saldı, çünki hətta axtarışlarımın da düzgün təşkil olunub-olunmadığını şübhə altına almağa başladım.

Beləliklə, səylə məyusluq arasında qalmışdım, bəzən nəsə qazandığımı düşünürdüm, qısa müddət sonra isə heç nə qazanmadığımı anladım. Qərar verirdim, sonra tərəddüd edirdim; başlayırdım, sonra yorulurdum; irəliləyirdim və yenidən geri çəkilirdim. Və bu uyğunsuzluq özü bir yükə çevrilirdi, çünki öz qərarlarıma etibar edə bilməzdim və onları başlatdığım gücə etibar edə bilməzdim.

Hələ başa düşmədiyim şey, təslim olmadan rahatlıq, təslim olmadan sülh axtarmağım idi. Görə bildiklərimi düzəltmək üçün çalışdım, amma görə bilmədiklərimi idarə edən şeylərdən imtina etmədim. Dəyişikliyin faydalarını istəyirdim, amma əsl dəyişikliyin gəlməli olduğu öz ölümümü istəmirdim. Beləliklə, bütün səylərim, qismən səmimi olsa da, kökündə səhv istiqamətə yönəldildi.

Bəs insan özünü düzəltməyə çalışıb özünə çata bilmədiyini görəndə, dini çarə kimi qəbul edib, amma onun onu sağaltmadığını görəndə, fərqli olmağa çalışıb eyni qaldıqda nə etməlidir? Bunlar məni rahatlatmadı, əksinə, hələ əsl rahatlığın tapıldığı yerə gəlmədiyimi daha aydın şəkildə göstərdi.

Beləliklə, bir müddət bu zəhmətli vəziyyətdə qaldım, çox iş gördüm, amma heç bir nəticə əldə etmədim; səylə axtardım, amma tapa bilmədim; zahirən islah oldum, amma daxilən dəyişməz qaldım. Çünki insan yalnız öz vəziyyətini görməyə deyil, həm də özündən tamamilə imtina etməyə məcbur olana qədər uzun müddət çalışıb az şeyə nail ola bilər və bütün səylərində axtardığı şeydən uzaq qala bilər. Və mən çox məşğul olsam da, hələ təslim olmamışdım.

BÖLMƏ NÖQTƏLƏRİ

Dürüst Diqqət üçün Suallar

Bu sualları tələsdirməyin.

Qoy səyin güzəştə getməyin yerini tutduğunu ortaya çıxarsınlar.

1. Həyatınızın hansı mərhələsində qorxuya təslim olmaq əvəzinə, özünüzü inkişaf etdirməyə çalışaraq cavab vermisiniz?
   Rahatlıq hiss etmək üçün nə etməyə başladınız?
2. Daxilinizdə baş verənlərə təsir etməyən hansı xarici dəyişikliklər etdiniz?
   Davranışınız harada dəyişdi - amma istək yox?
3. Daha dərin bir şeyi sakitləşdirmək üçün hansı yollarla intizam, quruluş və ya dini fəaliyyətə etibar etmisiniz?
   Bu səylər nəyə təsir edə bilmədi?
4. Özünüzü başqaları ilə müqayisə etməklə müvəqqəti rahatlıq tapmısınızmı?
   Bu müqayisə aradan qalxdıqda nə baş verir?
5. Özünüzü düzəltməyə çalışarkən dua təcrübəniz necə olub?
   Diqqətinizi yayındıran, təzyiq göstərən və ya qeyri-müəyyənlik hiss edirsinizmi?
6. Səy və məyusluq arasında harada dövr etmisiniz - həll etmək, sonra tərəddüd etmək, başlamaq və sonra güc itirmək?
   Bu nümunə nəyi göstərir?

7. Xarici olaraq nəyi dəyişməyə çalışarkən hələ də daxilən nəyə yapışırsınız?
   Nəyə təslim olmamısınız?
8. Dəyişikliyin nəticəsini hansı yollarla arzulayırsınız, amma bunun üçün tələb olunan təslimiyyətə müqavimət göstərirsiniz?
9. Həyatınızın bir sahəsində özünüzü idarə etməyə çalışmağı dayandırıb tamamilə təslim olmaq nə demək olardı?

Oxucu üçün zərif istiqamətləndirmə
Səy irəliləyiş kimi hiss oluna bilər.
Amma təslim olmadan səy nadir hallarda dəyişikliyə gətirib çıxarır.
Görünən şeyləri dəqiqləşdirə bilər,
eyni zamanda onu idarə edən şeylərə toxunulmazlıq yarada bilər.
Sizdən axtarışı dayandırmağınız xahiş olunmur.
Sizdən hələ də özünüzü harada saxladığınıza diqqət yetirməyiniz xahiş olunur.
Çünki təslim olma başlayana qədər
səylər davam edəcək və yardım əlçatmaz qalacaq.

Fəsil 5 — Ağıldakı Səslər, Ruhdakı Müharibə

Şübhə, İttiham və Zəmanət Uğrunda Mübarizə

Qorxularımı sakitləşdirmək və həyatımı düzəltmək üçün müxtəlif vasitələr axtararaq bu mübarizə vəziyyətində davam etdikcə, içimdə sülh əvəzinə yeni və daha narahatedici bir münaqişənin yarandığını gördüm. İndi təkcə etdiklərimdə deyil, həm də düşündüklərimdə də. Beləliklə, zehnim narahatlıq yerinə çevrildi və hətta özümdə belə rahatlıq tapa bilmirdim. Çünki əvvəllər zahiri davranışlarla mübarizə apardığım yerdə, indi asanlıqla təslim olmayan daxili səslərlə mübarizə aparmağa məcbur oldum.
Bəziləri incə, bəziləri kəskin və deşici idi. Nə tamamilə qəbul edə, nə də rədd edə bilirdim, amma içimdə qalan, başa düşmədiyim bir qüvvə ilə üzərimə basan bəzi təkliflər ağlıma gəldi. Bəzən məni açıq şəkildə günahlandırır, günahlarımı elə bir şəkildə qarşıma çıxarırdılar ki, onları inkar edə bilmirdim; bəzən isə məndən soruşur, vəziyyətimdə bir ümidin olub-olmadığını və artıq mərhəmət dairəsindən kənara çıxmadığımı soruşurdular.

Bu fikirlər yad kimi deyildi, sanki mənə qarşı müəyyən iddiaları varmış kimi gəlirdi, çünki qorxduğum şeylərlə razılaşırmış kimi danışırdılar və beləliklə, ağlıma asanlıqla yol tapırdılar. Onlara müqavimət göstərməyə çalışsam da, gördüm ki, təkcə müqavimət onları aradan qaldırmır, əksinə, çox vaxt onlara daha çox güc verir, ona görə də onları susdurmaq üçün nə qədər çox çalışsam, bir o qədər çox qayıdırlar.
Bəzən öz-özümə elə gəlirdi ki, sanki iki əks səs mənimlə mübahisə edirdi - biri hələ ümidin ola biləcəyini, digəri isə ümidin olmadığını iddia edirdi. Mən isə tərəddüd etdiyim üçün gah birinə, gah da digərinə meyl edirdim, ona görə də heç birində qərarlaşa bilmirdim , hansına inanacağımı bilmirdim və davamlı olaraq bölünmüş vəziyyətdə qalırdım.

Bu daxili mübarizə məni dəyişməz qoymadı, əksinə, çox əziyyət çəkdim, çünki nəinki vəziyyətimə, həm də öz mühakiməmə inamımı itirməyə başladım, düşündüklərimin doğru olub-olmadığını, yoxsa axtarışlarımda belə aldanıb-aldanmadığımı bilmirdim. Və bu, mənim dərdimi daha da artırdı, çünki öz düşüncələrimə etibar edə bilməsəm, hara müraciət etməliyəm?
Müqəddəs Kitabın müəyyən sözləri mənə müəyyən dərəcədə işıq saçırdı və mərhəmətin hələ də mümkün ola biləcəyini və hər şeyin itirilmədiyini göstərirdi. Lakin hətta bunların ardınca tez bir zamanda onların mənə tətbiqini şübhə altına alan, bu cür vədlərin mənim vəziyyətimdə başqalarına aid olub-olmadığını, mənim üçün isə birinə aid olub-olmadığını soruşan digər düşüncələr gəlirdi. Beləliklə, bir anlıq təsəlli verən kimi görünən şey tezliklə əlimdən alındı.

Ən pisi o idi ki, bu fikirlər uzaqda qalmadı, sanki içimdən gəlirdi, ona görə də onların həqiqətən mənimki olduğunu, yoxsa başına nəsə gəldiyini asanlıqla ayırd edə bilmirdim. Bu, məndə böyük çaşqınlıq yaratdı, çünki qorxurdum ki, əgər onlar mənimdirsə, onda təsəvvür etdiyimdən daha pis olaram; əgər deyillərsə, onları necə atacağımı bilmirdim.

Bəs insan yalnız etdiyi işlərdən deyil, həm də düşündüklərindən narahat olduqda nə etməli? Öz zehni qeyri-müəyyən bir yerə çevrildikdə və həqiqətə doğru aparıldığını, yoxsa daha da yanlışlığa doğru aparıldığını deyə bilmədikdə? Hətta kömək istəmək cəhdləri belə kömək ehtimalını şübhə altına alan səslər tərəfindən kəsildikdə? Bunlar məni problemdən çıxarmadı, əksinə, daha dərinə apardı.

Beləliklə, mən bu daxili müharibədə davam etdim, burada ittiham və qeyri-müəyyənlik bir araya gəldi və mən onların arasında qaldım, necə əminlik əldə edəcəyimi və şübhədən necə qaçacağımı bilmirdim. Çünki insan öz daxilində bölünmüş və hətta öz düşüncələrində belə razılığa gələ bilməyəndə, o, asanlıqla sakitləşmir, əksinə, özündən daha böyük bir şey həll edə bilmədiyi şeyi həll edənə qədər münaqişə içində qalır. Və mən o vaxt hələ bu qərarı tapmamışdım.

BÖLMƏ NÖQTƏLƏRİ

Dürüst Diqqət üçün Suallar

Bu sualları tələsdirməyin.
Qoy onlar fəslin özü qədər narahat qalsınlar.

1. Heç tamamilə özünüzə məxsus olmayan, lakin sizi tərk etməyən fikirlər yaşamısınızmı?
   Onlar necə özünü göstərirdi?
2. Narahat olduğunuz zaman hansı daxili səslər üstünlük təşkil edir - ittiham etmək, sorğulamaq və ya ruhdan salmaq?
   Onlar ən çox nəyi təkrarlayırlar?
3. Heç özünüzü iki əks düşüncə arasında qalmış vəziyyətdə tapmısınızmı - biri ümid ifadə edir, digəri isə ümidi inkar edir?
   Hansına inanmağa meyllisiniz?
4. Əminlik və ya həqiqət sizə çatanda, şübhə və ya ziddiyyət nə qədər tez gəlir?
   Bu keçiddə nə baş verir?
5. Müqəddəs Kitabdakı vədlərin şəxsən sizə aid olub-olmadığını heç soruşmusunuzmu?
   Özünüzü kənarda qalmış hiss etməyinizə səbəb olan nədir?
6. Narahatedici fikirlərə qarşı hansı yollarla mübarizə aparmağa çalışmısınız - amma müqavimətin onları daha da gücləndirdiyini gördünüzmü?
7. Daxili təzyiq altında olduğunuz zaman öz mühakimənizə etibar edirsinizmi?
   Yoxsa həqiqəti ayırd etmək qabiliyyətinizdən belə şübhələnməyə başlayırsınız?

8. Heç düşünmüsünüzmü ki, mübarizəniz daxilinizdən gəlir, yoxsa sizə təsir edən bir şeydənmi? Bu qeyri-müəyyənlik sizə necə təsir edib?
9. Öz zehniniz istirahət edə bilməyəcəyiniz bir yerə çevrildikdə necə hiss edirsiniz?

Oxucu üçün zərif istiqamətləndirmə

Bütün münaqişələr zahiri deyil.
Mübarizənin daxilə —
düşüncəyə, təfsirə və qavrayışa doğru irəlilədiyi anlar olur.
Və bu baş verdikdə, əminlik çətinləşir.
Sizdən hələ səsləri həll etməyiniz xahiş olunmur.
Sadəcə münaqişəni tanımağınız xahiş olunur.
Çünki ağıl bölündükdə,
sülhü məcbur etmək olmaz - o, verilməlidir.

Fəsil 6 — Hər Şeyi Aydınlaşdıran Həbsxana

Allah həqiqəti açıqlamaq azadlığını əlindən alanda

Uzun müddət bu daxili münaqişələrdə məşğul olduqdan, qorxularla narahat olduqdan, şübhələrlə hücuma məruz qaldıqdan və öz rahatlıq tapmaq cəhdlərimdən bezdikdən sonra, əvvəlcə anlamadığım, lakin zamanla əvvəlkindən daha çox faydalı olduğu ortaya çıxan bir vəziyyətlə qarşılaşdım. Çünki xarici azadlığımın məhdudlaşdırıldığı bir yerə gətirildim və artıq əvvəlki kimi hərəkət edə və ya bir vaxtlar məni məşğul edən şeylərlə özümü yayındıra bilmədim.

Əvvəlcə bu məhdudiyyət mənə daha bir çətinlik kimi görünürdü, sanki dərdim yüngülləşmək əvəzinə daha da artmışdı, çünki özümü təkcə daxildə deyil, həm də xaricdə məhdud hiss edirdim. Nə düşüncələrimdən qaça bilirdim, nə də onlardan qaçmaq üçün özümü məşğul edə bilirdim. Bir vaxtlar hərəkətlə kəsilən şey indi sükutla sabitləşirdi və əvvəllər kənara qoyduğum şey daha böyük güclə mənə qayıtdı.

Bu vəziyyətdə, axtarmaq adlandırdığım şeylərin çoxunun, əslində, qaçmaq olduğunu və əvvəlki fəaliyyətimin anlayışımı inkişaf etdirməkdənsə, onu gecikdirməyə xidmət etdiyini anlamağa başladım. Çünki hərəkət etməkdə sərbəst olduğum halda, üz çevirməkdə, məşğul olmaqda, düşüncələrimi həll etmədən sakitləşdirməkdə də sərbəst idim. Amma indi, asanlıqla qaça bilməyəcəyim bir yerə gətirildiyim üçün, uzun müddətdir daşıdığım, lakin tam düşünmədiyim şeylərlə üzləşməli oldum.

Bir vaxtlar gəlib-gedən suallar indi də qalırdı və mən onları əvvəlki kimi rədd edə bilmirdim. Vəziyyətimi yenidən nəzərdən keçirmək üçün gətirildim, yüngül və ya təsadüfi deyil, kənara çəkilməyə imkan verməyən bir ciddiliklə. Və bu, mənim üçün xoş olmasa da, hələ görmədiyim şeyləri daha aydın şəkildə göstərməyə başladı - problemimin təsadüfi və ya keçici olmadığını, həll etmək üçün səydən daha çox şey tələb edən bir şeyə köklәndiyini.

Elə anlar olurdu ki, əvvəlki halıma qayıtmaq istəyirdim, çünki daha yaxşı idi, əksinə, daha asan idi, çünki orada rahatlıq tapmasam da, heç olmasa diqqətimi yayındırmışdım. Amma indi, bundan uzaqlaşdığım üçün artıq özümü rahat hiss edə bilmirdim, özümü isə təkcə zamanın vəziyyətimi dəyişdirəcəyinə inandıra bilmirdim. Gecikdirdiyim şey indi qarşımda dayanırdı və mən bundan yayına bilmirdim.

Bu sükut içində bütün əvvəlki cəhdlərimin bir səbəbdən uğursuz olduğunu anlamağa başladım - heç vaxt özümü tamamilə itirmədim. Düzəltməyə, düzəltməyə, idarə etməyə, mühakimə etməyə və müqavimət göstərməyə çalışdım, amma təslim olmadım. Təslim olmadan dəyişiklik, təslim olmadan rahatlıq və mənimlə onun arasında olandan imtina etmədən sülh axtarırdım. İndi isə gücümün mənə fayda verə bilməyəcəyi bir yerə gətirildiyim üçün edə bilmədiyim şeyin başqa cür edilməli olduğunu anlamağa başladım.

Bu, mənə dərhal təsəlli vermədi, əksinə, aydınlıq gətirdi və bu aydınlıq, kəskin olsa da, əvvəlki bütün çaşqınlıqlarımdan daha dəyərli idi. Çünki indi başa düşdüm ki, məsələ daha çox şey etməkdə deyil, etibar etdiyim şeylərdən əl çəkməkdədir. Məsələ cəhd etməməyimdə deyil, səhv cəhd etməyimdə idi və bu şəkildə davam etdiyim müddətcə axtardığım şeyə çata bilmədim.

Bəs bir insan artıq özünə güvənə bilməyəcəyi bir yerə gətirildikdə və bütün əvvəlki yollarının onu uğursuz etdiyini gördüyü zaman nə etməli? Yalnız fürsətdən deyil, həm də öz qabiliyyətinə olan inamından məhrum olduqda? Ehtiyac duyduğu şeyin öz səyi ilə əldə edilə bilməyəcəyini açıq şəkildə görəndə? Bunlar hələ vəziyyətimi həll etmədi, əksinə, məni artıq özümü aldada bilməyəcəyim bir yerə gətirdi.

Beləliklə, bir müddət bu məhdudiyyət altında qaldım, hələ qurtulmadım, amma artıq əvvəlki kimi deyildim, çünki hələ rahatlıq tapmasam da, öz səylərimin sonuna çatmışdım və bu, itki kimi hiss olunsa da, əslində hələ bilmədiyim bir şeyin başlanğıcı idi. Çünki insan özünü ayağa qaldıra bilməyəcəyi qədər alçaldıldıqda, təkbaşına dayana biləcəyini düşündüyündən daha çox köməyə daha yaxın olur.

BÖLMƏ NÖQTƏLƏRİ

Dürüst Diqqət üçün Suallar
Bu sualları tələsdirməyin.
Artıq onlardan keçə bilməyəcəyiniz bir yerə qoyub həll olunmalarına icazə verin.

1. Həyatınızda seçmədiyiniz bir şəkildə nə kəsilib və ya məhdudlaşdırılıb?
   Bu məhdudiyyət nəyi üzə çıxarıb?
2. Diqqətin yayınması aradan qalxdıqda hansı düşüncələr və ya reallıqlar daha böyük güclə geri qayıdır?
   İndiyə qədər nədən qaça bilmisiniz?
3. Fəaliyyətiniz — məşğuliyyətiniz, hərəkətiniz, səyiniz — daha dərin bir şeyə doğru irəliləməyinizi əslində hansı yollarla gecikdirib?
4. Mənəvi həyatınızda hərəkəti irəliləyişlə səhv salmısınızmı?
   Hərəkət edərkən nələrdən qaçınırdınız?
5. Artıq diqqətinizi yayındıra bilmədiyiniz zaman nə qaçılmaz olur?
6. Özünüzü düzəltmək, idarə etmək və ya təkmilləşdirmək üçün dəfələrlə harada çalışmısınız, amma heç bir davamlı dəyişiklik tapmamısınız?

7. Öz vəziyyətinizi həll etmək qabiliyyətinizin sona çatması sizin üçün nə demək olardı?
   Nəzəri olaraq yox, əslində.
8. İşləmədiyini anlasanız belə, hələ də nəzarət vasitəsi kimi nəyə yapışırsınız?
9. Əgər ehtiyac duyduğunuz şey öz səyinizlə istehsal olunmursa, bunun üçün nəyi buraxmalısınız?

Oxucu üçün zərif istiqamətləndirmə
sizə zərər vermək üçün deyil, sizi aşkar etmək üçün aradan qaldırıldığı anlar olur .

Məhdudiyyət kimi hiss edilən şey,
çox vaxt diqqəti yayındıran şeylərin gizlətdiyi şeyləri üzə çıxarır.
Sizdən hələ heç nəyi həll etməyiniz istənilmir.
Sizi öz-özünə həll etməyin bitdiyi yerə gətirirlər.
Çünki aydınlıq çox vaxt
bütün digər seçimlər uğursuz olduqda gəlir.
Və bu, itki kimi hiss olunsa da,
bəlkə də dayandığınız ilk dürüst zəmininizdir.

2-Cİ HİSSƏ GİRİŞ

Artıq Qaça Bilməyəcəyiniz Səyahət

Hekayə Hekayə Olmağı Dayandıranda

Elə bir məqam gəlir ki, anlaşma artıq kifayət deyil, çünki aydınlıq yoxdur, əksinə cavab tələb etməyə başlayır. Bu ana qədər hər şey hələ də müşahidə edilə bilirdi. Nümunələri tanıya, həqiqətlə razılaşa və hərəkət etməyə ehtiyac olmadan mübarizə ilə eyniləşə bilərdiniz. Hekayədə özünüzün hissələrini birbaşa sizinlə qarşılaşmasına imkan vermədən görə bilərsiniz. Amma müşahidənin iştiraka çevrildiyi bir xətt var - çox vaxt incə və nadir hallarda elan edilən - və 2-ci hissə də bu xəttdən başlayır.

"Zəvvarın Səyahəti" əsərinə çox vaxt başqası haqqında hekayə kimi yanaşılır - evindən çıxan, çətin bir yolda gedən, maneələrlə qarşılaşan və təyinat yerinə çatana qədər yoluna davam edən bir kişi haqqında. Bu hekayəni izləmək kifayət qədər sadədir, lakin heç vaxt uzaq durmaq üçün yazılmayıb. Bir məqamda oxucu hekayədəki yükün sadəcə simvolik deyil, həm də dərin şəxsi olduğunu anlamalıdır. Bu, bir şeyin səhv olduğunu bilməyin və onu aradan qaldıra bilməməyin ağırlığını, həyatın dəyişməz davam edə bilməyəcəyinin fərqində olmağı və gecikmənin artıq neytral olmadığının artan dərkini təmsil edir.

1-ci hissədə biz əşyaların formalaşdığı məkanda qaldıq. 2-ci hissədə hərəkət başlayır və hərəkət fərqli bir təzyiq yaradır. İnsan hərəkət etməyə başladıqdan sonra rahatlıq pozulur, tanış strukturlar geridə qalır və yeni çətinliklər ortaya çıxır. Bir vaxtlar sabit hiss olunan şey dəyişməyə başlayır, bir vaxtlar idarəolunan kimi görünən şey isə müqavimət göstərməyə başlayır. Çoxları məhz bu yerdə geri dönür - yol qeyri-müəyyən olduğuna görə deyil, baha başa gəldiyinə görə.

Məlum olanlardan uzaqlaşmaq üçün ilk addımlar atmaq, adətən, olduğu yerdə qalmaqdan daha çətin görünür və buna görə də alternativlər ortaya çıxır. Gecikmə ağlabatan görünür, qismən itaətkarlıq kifayət qədər görünür və daha asan yollar vəd edən səslər inandırıcı səslənməyə başlayır. Bu dinamika yeni deyil; səyahət məhz bunu ortaya qoyur. Bunyan xristian həyatını tək bir qərar kimi deyil, getməli olduğu bir yol kimi təqdim edir - irəliləyişin həmişə görünmədiyi, təşviqin həmişə dərhal olmadığı və aydınlığın çətinliyi aradan qaldırmadığı bir yol. Buna baxmayaraq, yol dar olaraq qalır, məhdudlaşdırmaq üçün deyil, dəqiqliklə aparmaq üçün.

Bu hissəyə daxil olarkən, çox tez şərh etmək və ya anlayışlara səyahəti azaltmaq istəyindən çəkinin. Bunun əvəzinə, hərəkətin özünün daha şəxsi bir şey ortaya çıxarmasına icazə verin. Hərəkət tələb olunduqda harada hərəkətsiz qaldığınızı, sizinlə davam edə bilməyən şeylərə yapışdığınızı və sadəcə həqiqətdən daha çox təsəlli verdiyi üçün hansı səslərə etibar etdiyinizi düşünün.

Bu, hekayənin içəri doğru — ucadan və ya güclü şəkildə deyil, tədricən — bir dəfə oxunan şeylər tanınmağa başlayana qədər irəliləməyə başladığı nöqtədir. Sizdən hələ səyahəti başa vurmağınız istənilmir, əksinə, artıq onu görməzdən gələ bilməyəcəyiniz bir yerə gətirilirsiniz. Çünki yük aydın şəkildə göründükdən sonra, olduğunuz yerdə qalmaq artıq əvvəlki kimi deyil və bu nöqtədə, hərəkət etsəniz də, etməsəniz də, artıq başlamısınız.

Fəsil 7 — Yükün Göründüyü Gün

Daşıdığınız Şey Artıq Gözardı Edilə Bilməyəndə

Öz səylərimin uğursuzluğunu və məni tərk etməyəcək narahatlığı gördükdən sonra öz daxili mövqeyimə gətirildikdən sonra, uzun müddətdir daxilən hiss etdiyim şeylər mənə daha aydın və daha aydın şəkildə bildirildi. Artıq bundan yalnız bir problem kimi danışa bilmirdim, etiraf edib-etməməyimdən asılı olmayaraq, onu daim daşıdığım bir yük kimi qəbul etməyə başladım. Bu, yeni verilmiş deyildi, yeni görülmüşdü.

Bundan əvvəl nəyinsə səhv olduğunu bilirdim, amma bunu bu qədər sabit və sabit şəkildə özümə məxsus bir şey hesab etməmişdim. Vəziyyətimi zamanla dəyişə biləcək, səylə yüngülləşə biləcək və ya başqa şeylərə diqqət yetirməklə sakitləşə biləcək bir şey kimi düşünürdüm. Amma indi başa düşməyə başladım ki, daşıdığım şeylər təsadüfi deyil, davamlı, yüngül deyil, ağırdır və öz gücüm daxilində heç bir şeylə asanlıqla aradan qaldırıla bilməz.

Bu mənzərə nə asanlıqla gəldi, nə də rahatlıq gətirdi, çünki bir şeyi aydın görmək, onu qeyri-müəyyən hiss etməkdən daha çətindir. Əvvəllər qeyri-müəyyən olan şey indi daha aydın şəkildə qarşımda idi və artıq özümü vəziyyətimin kiçik olduğuna və ya gözardı edilə biləcəyinə inandıra bilmirdim. Gördüm ki, bu, yalnız mövcud deyil, həm də mənə bağlıdır və hara gedirəmsə, o da gedir.

Əvvəllər etdiyim kimi, fikirlərimi ondan yayındırmaq istədiyim vaxtlar olurdu, amma eyni uğurla bunu edə bilməyəcəyimi gördüm, çünki bu, mənə uzun müddət unutmağıma imkan verməyən bir növ inadkarlıqla qayıtdı. Başqa işlərlə məşğul olduğum anlarda belə, içimdə bir şeyin həll olunmadığı və daşıdığım şeyin hələ qoyulmadığı hissi qalırdı.

Bununla, vəziyyətimin gizli olmadığını, sanki olduğu kimi yaşasam da, əksinə, onu olduğu kimi görmədiyimi anlamağa başladım. Və bu, bir daha dərk etməyə səbəb oldu ki, əgər indi onu görə bilirdimsə, deməli, həmişə orada olub, baxmayaraq ki, mən bunu qəbul etməmişdim. Və bu, dözməyi daha da çətinləşdirdi, çünki artıq cahil olduğumu deyə bilmirdim, əvvəllər görmədiyim şeyləri qismən bilirdim.

İçimdə də getdikcə bu yükün sonsuza qədər daşınması nəzərdə tutulmadığı hissi yarandı, amma mən ondan necə qurtulacağımı bilmirdim. Çalışdığım kimi, onu səylə aradan qaldıra bilməzdim, əvvəllər etdiyim kimi, onu görməzdən gələ bilməzdim. O, mənimlə qaldı, seçdiyim bir şey kimi deyil, darıxdığım bir şey kimi və başa düşməyə başladım ki, əgər o, nə vaxtsa götürüləcəksə, mənim öz yolumla deyil, başqa bir yolla olmalıdır.

Bəs onda insan daşıdığı şeyi aydın görüb onu yerə qoya bilmirsə, nə etməlidir? Vəziyyətinin real olduğunu bilsə də, onu necə dəyişdirəcəyini bilmirsə, bir vaxtlar qeyri-müəyyən olan müəyyənləşib, bir vaxtlar uzaq olan yaxınlaşanda? Bunlar mənə hələ irəliyə gedən yolu göstərmədi, amma olduğum kimi qala biləcəyim illüziyasını məndən uzaqlaşdırdı.

Çünki narahatlıq hissi ilə açıq-aydın görmək arasında fərq var və insan bir dəfə görübsə, yenidən görməməyə qayıda bilməz. Mənə vəhy olunan şey nə geri qaytarıla bilər, nə də yenidən kiçildilə bilər. Bu, qarşımda keçici bir narahatlıq kimi deyil, davamlı bir reallıq kimi, sakit, lakin sarsılmaz bir qüvvə ilə məni sıxışdırırdı.

Beləliklə, mən artıq sadəcə narahat biri kimi deyil, nə inkar edə, nə də qaldıra biləcəyim məlum bir yükü daşıyan biri kimi irəlilədim. Hələ məni bu yükdən uzaqlaşdıracaq addımlar atmasam da, olduğum kimi qalmağın artıq mümkün olmadığı bir yerə gəlmişdim, çünki insan daşıdığı şeyi görəndə, addım atmağa hazır olub-olmamasından asılı olmayaraq, artıq hərəkətin kənarında dayanır.

BÖLMƏ NÖQTƏLƏRİ

Dürüst Diqqət üçün Suallar
Bu sualları tələsdirməyin.
Qoy onlar artıq mövcud ola biləcək şeyləri ortaya çıxarsınlar.

1. Həyatınızda qeyri-müəyyən bir narahatlıqdan aydın şəkildə müəyyən edilmiş bir şeyə çevrilən nə olub? İndi əvvəllər adlandıra bilmədiyiniz və ya adlandırmaq istəmədiyiniz nəyi görürsünüz?
2. "Nəyinsə səhv olduğunu" hiss etməkdən onun nə olduğunu bilmək üçün hara keçdiniz? Nəyin konkretləşdiyini anlamağa başladınız?
3. Nəyə müvəqqəti kimi yanaşmağa çalışmısınız, amma indi davamlı olduğunu qəbul edirsiniz?
4. Daşıdığınız şeyin etiraf etdiyinizdən daha uzun müddət sizinlə olduğunu necə anladınız? Dəyişən onun varlığı deyil, sizin şüurunuzdur.
5. Artıq nəyi aydın görürsünüz ki, onu kiçildib, yenidən şərh edə və ya rədd edə bilməyəcəksiniz?
6. Harada bir şeyi görməməzliyə vurmağa çalışmısınız - amma sonradan sakitcə israrla geri qayıtdığını görmüsünüz?
7. Səylə, intizamla və ya niyyətlə aradan qaldıra bilməyəcəyiniz nəyi daşıyırsınız?
8. Gördüklərinizi yumşaltmadan və ya üz döndərmədən tam olaraq qəbul etmək nə deməkdir?
9. Artıq olduğun kimi qalmağın mümkün olmadığını harada hiss edirsən?

Oxucu üçün zərif istiqamətləndirmə
Aydınlıq hər şeyi dəyişir.
Bir vaxtlar qeyri-müəyyən olan müəyyən olur.
Bir vaxtlar uzaq olan isə mövcud olur.

Və bir şey göründükdən sonra
görünməz ola bilməz.
Hələ ki, hərəkət etməyiniz xahiş olunmur.
Amma artıq əvvəlki yerinizdə deyilsiniz.
Çünki yük görünən hala gəldikdə,
hərəkət artıq əvvəlki kimi könüllü deyil.
Heç bir addım atılmasa belə,
artıq bir şey başlayıb.

Özünüzlə apara bilməyəcəyinizi tərk etmək

Rahatlıqdan İlk Addımın Qiyməti

Daşıdığım yükü daha aydın şəkildə görüb artıq onun varlığını inkar edə və ya öz səylərimlə ağırlığını azalda bilməyəndə, içimdə getdikcə artan bir hiss yarandı ki, əvvəlki kimi davam edə bilmərəm, onsuz da üzərimdə olan çətinliyi artırmadan eyni yolda qala bilmərəm. Hələ nə edəcəyimi qərarlaşdırmamışdım, amma nə vaxtsa irəliləmək üçün geridə bir şey qalmalı olduğunu anlamağa başlamışdım.

Bu dərk müqavimətsiz gəlmədi, çünki tərk etməyə çağırıldığım şey təkcə səhv olan deyil, həm də tanış olan idi. Əvvəlki yollarım, indi ağır olsa da, hələ də mənə məlum idi və onlarda bir növ rahatlıq tapmışdım, sülh deyil, vərdiş. Və bunlardan uzaqlaşmaq kiçik bir məsələ deyildi, çünki başa düşdüyüm şeylərdən uzaqlaşıb bilmədiyim şeylərə keçməyim lazım idi. Məni təkcə hərəkətlərimdə deyil, həm də kimliyimdə saxlayan bağlar da var idi, çünki özümü uzun müddətdir müəyyən bir şəkildə düşünürdüm və bunu geridə qoymaq, sanki hələ bilmədiyim bir şeyə çevrilməli olduğumu hiss edirdim. Başqaları arasında nə olduğum, özümə nə olduğum və nəyə öyrəşdiyim - bütün bunlar indi gördüklərimin ardınca gedəcəyəmsə, dəyişməz olaraq davam edə bilməyəcək şeylər kimi qarşımda dayanırdı.

Bəzən öz-özümə tərəddüd edir, hər ikisini daşıya biləcəyimi düşünürdüm - bildiklərimə sadiq qalaraq məni narahat edən şeylərdən qurtuluş axtarırdım. Amma bunun belə ola bilməyəcəyini anladım, çünki nə qədər çox düşünsəm, daşıdığım şeylərin və qaldığım yerin bir yerdə dayana bilməyəcəyi bir o qədər aydın olurdu. Qaldığım müddətdə yük yüngülləşmədi, tərəddüd etdiyim müddətdə yol daha aydınlaşmırdı.

Həmçinin, təkcə daxildən deyil, həm də xaricdən məni olduğum kimi qalmağa təşviq edən, zəruri hesab etdiyim şeyin həddindən artıq olduğunu və ya daha az dəyişiklik tələb edən başqa bir yol tapa biləcəyimi irəli sürən səslər də gəldi. Bu səslər həmişə birbaşa mənə qarşı çıxmırdı, əksinə, tez-tez ağlabatan görünən bir şəkildə danışırdılar, qərar əvəzinə gecikmə, həqiqət əvəzinə təsəlli təklif edirdilər.

Amma qulaq asarkən belə, içimdə bir sakitlik var idi ki, bu səslər vəziyyətimi həll etmir, sadəcə onu təxirə salır. Çünki gördüklərim görünməz ola bilməzdi və anladıqlarım bir vaxtlar qəbul etdiyim şeylərdə rahatlamağa imkan vermirdi. Qalmağı nə qədər çox düşünsəm, bir o qədər ağırlığın artdığını hiss edirdim, sanki yükün özü məni hələ atmadığım bir addıma doğru itələyirdi.
Bəs insan dayandığı yerin getməli olduğu istiqaməti dəstəkləmədiyini anladıqda nə etməlidir? İrəliləmək üçün yalnız zərərli deyil, həm də rahat olanı geridə qoymağın lazım olduğunu biləndə? Bədbəxtlik yalnız itirdiyi şeylərdə deyil, həm də necə olmalı olduğundadırsa? Bunlar yolu asanlaşdırmadı, əksinə, onu daha aydın etdi.

Çünki elə bir an gəlir ki, insan nəyin asan, nəyin çətin olduğunu deyil, nəyin doğru, nəyin tanış olduğunu seçməlidir. Tanışlıq incə bir səslə danışsa da, yükü aradan qaldıra bilməz və insanı getməli olduğu yerə apara bilməz. Bu, onu yalnız olduğu yerdə saxlaya bilər və olduğu yer artıq kifayət deyil. Beləliklə, mən bu nöqtədə dayandım, hələ tam ayrılmamışdım, amma artıq olduğum yerdə sakit deyildim, çünki daşıdığım şeylərin mənimlə davam edə bilməyəcəyini və əgər bundan azad olmaq istəsəm, uzun müddət saxladığım şeyləri geridə qoymalı olduğumu görürdüm. Hələ tam addım atmasam da, qiyməti məlum olan və seçimdən qaçınmaq mümkün olmayan bir yerə gəlmişdim.

BÖLMƏ NÖQTƏLƏRİ

Dürüst Diqqət üçün Suallar
Bu sualları tələsdirməyin.
Ən çox təxirə salmağa meylli olduğunuz yerdə sualları cavablandırmağa icazə verin.

1. Həyatınızda irəliləmək istəyirsinizsə, indi aydın şəkildə gördüyünüz şey sizinlə davam edə bilməz?
   Çətin olan yox, uyğun olmayan şey.
2. Dəyişiklik arzulayarkən eyni anda iki istiqaməti tutmağa çalışırsınız - olduğunuz yerdə qalırsınız?
   Bu, hansı gərginliyi yaradır?
3. Nədən ayrılmaq ən çətin hiss olunur - doğru olduğuna görə yox, tanış olduğuna görə?
4. Kimliyiniz hansı yollarla azad etməli olduğunuzu bildiyiniz şeylərlə bağlıdır?
   Bunsuz kim olacağınızdan qorxursunuz?
5. Lazımi dəyişikliyi təxirə salmaq üçün hansı arqumentlərdən istifadə edirsiniz?
   Onlar ağlabatan, ölçülü və ya məntiqli səslənirmi?
6. Daxili və ya xarici səslər sizi olduğu kimi qalmağa təşviq edir?
   Onlar sizə nə vəd edir?
7. İndiki vəziyyətdə qalmağı düşündüyünüz zaman, yükünüzün yüngül, yoxsa daha ağır olduğunu hiss edirsiniz?
8. İrəliləmək sizə nəyə başa gələrdi - təkcə xarici deyil, həm də daxilən?
   Təkcə ətrafınızda deyil, özünüzdə nə dəyişməlidir?
9. Hələ edilməmiş olsa belə, seçimin artıq könüllü olmadığını harada hiss edirsiniz?

Oxucu üçün zərif istiqamətləndirmə
Aydınlıq dəyəri təqdim edir.

Bir vaxtlar sorğu-sualsız daşıdığınız şeylər
indi yolunda dayanır.
Və bir vaxtlar sabitlik kimi hiss edilən şey
indi özünü məhdudiyyət kimi göstərir.
Sizdən hələ addımı tamamlamağınız xahiş olunmur.
Amma siz bundan qaçınmaq mümkün olmayan bir yerə gətirilirsiniz.
Çünki həqiqət və tanışlığın birlikdə mövcud ola bilməyəcəyi bir nöqtə var.
Və bu nöqtəyə çatdıqda, qalmaq artıq neytral olmur.
Hələ köçməmisiniz.
Amma qərar artıq verilməyə başlayıb.

Fəsil 9 — Yol gözləniləndən daha çətinləşəndə

Erkən Mübarizənin Şoku və Geri Dönmək Cazibəsi

Artıq olduğum kimi qala bilməyəcəyim yerə çatanda və çoxdan bildiyim şeylərdən uzaqlaşmağa tərəddüd etmədən başladığımda, öz-özümə düşündüm ki, bəlkə də indi müəyyən qədər rahatlıq tapmağa başlaya bilərəm, nəhayət üzümü doğru hesab etdiyim şeyə yönəltmişəm. Lakin tezliklə aşkar etdim ki, girdiyim yol gözlədiyim rahatlığı gətirməyib, əksinə, məni gözləmədiyim yeni çətinliklərlə qarşılaşdırıb.

Əvvəllər qalmaqda çətinlik çəkirdimsə, indi hərəkət etməkdə çətinlik çəkirdim və yüngülləşəcəyinə ümid etdiyim yük əksinə, üzərimə fərqli yollarla təzyiq göstərməyə başladı. Geridə qoyduğum şeylər artıq məni əvvəlki kimi saxlamırdı, amma qarşıda duran şeylər hələ də məni rahatlıqla qarşılamamışdı, ona görə də özümü nə sülhlə qayıda, nə də mübarizəsiz irəliləyə biləcəyim bir yerdə tapdım.

Bu məni çox narahat edirdi, çünki düşünürdüm ki, düzgün başlamaq dərhal irəliləyiş hissi yaradacaq və ya heç olmasa məni irəli aparan yükü azaldacaq. Amma bunun əvəzinə, hərəkət etmə hərəkətinin içimdəki yeni zəiflikləri üzə çıxardığını və qaldığım müddətdə görmədiyim şeylərin yeridikcə üzə çıxdığını gördüm.
Elə anlar olurdu ki, düzgün başa düşüb-düşmədiyimi, bəlkə də vəziyyətimi səhv başa düşüb-düşmədiyimi, yoxsa tələb olunmayan bir yol seçib-seçmədiyimi düşünürdüm. Çünki əgər girdiyim yol həqiqətən də düzgün idisə , niyə əvvəlində bu qədər çətinliklə qeyd olunmalı idi? Niyə ilk addımlar əvvəlki addımlarımdan daha qeyri-müəyyən olmalıdır?

Bu fikirlər keçici düşüncələr kimi qalmadı, əksinə getdikcə daha da güclənərək mənə geri dönüb geri qayıdıb qalanları bərpa edə biləcəyimi və bunu etməklə, hətta qeyri-kamil olsa belə, heç olmasa bir vaxtlar sahib olduğum rahatlığı bərpa edə biləcəyimi düşündürdü. Və bu cazibə kiçik deyildi, çünki tanış olanların xatirəsi çox vaxt qarşımda olan reallıqdan daha cəlbedici görünürdü.

Amma bunu düşünərkən belə, içimdə bir hiss var idi ki, əvvəlki kimi qayıda bilmərəm, çünki zahirən geri dönsəm də, daxilən gördüklərimi geri qaytara bilməzdim. Yük, ifadəsində dəyişsə də, getməmişdi və mənə gələn aydınlıq, bir dəfə olduğum kimi narahat olmadan yenidən olmağıma imkan vermirdi.

Bununla qarşılaşdığım çətinliyin səhv yol tutduğumun əlaməti olmadığını, nəhayət, əsl yolu tutduğumun əlaməti olduğunu anlamağa başladım. Çünki insan həqiqətən hərəkət etməyə başlayanda bütün mübarizəni geridə qoymur, əksinə, onu fərqli bir formada qarşılayır. Əvvəllər gizli olan şey görünməyə başlayır, əvvəllər qaçınılan şeylə üzləşməli və bir vaxtlar təxirə salınan şey həll yolu tapmağa məcbur edir.

Bəs onda insan nə etməlidir ki, onu irəli aparacağına inandığı yol onu getməyə nə qədər hazır olmadığını göstərirsə? Başlanğıc geridə qoyduğu keçmişdən daha qeyri-müəyyən hiss edirsə? Köhnə yolun düzgün olduğu üçün deyil, daha asan olduğu üçün sınağa çəkilirsə? Bu şeylər tez həll olunmur, amma insanın təsəlli, yoxsa həqiqət axtardığını ortaya qoyur.

Beləliklə, tərəddüd etmədən irəlilədim, amma irəli gedən yolun mübarizəni aradan qaldırmadığını, əksinə, orada davam etməyimi tələb etdiyini anladım. Çünki bir dəfə girilən yol, onu gedənə deyil, üzərində qalana forma verir. Hələ istədiyim sabitliyi tapmasam da, geri dönməyin məni bərpa etməyəcəyini və irəlilədikcə qarşımda duran hər şeylə üzləşməli olduğumu anlamışdım.

BÖLMƏ NÖQTƏLƏRİ

Dürüst Diqqət üçün Suallar
Bu sualları tələsdirməyin.
Gözləntilərlə reallığın toqquşduğu yerdə cavablandırın.

1. Heç doğru hesab etdiyiniz bir addım atıb, amma sonra hər şeyin asanlaşmadığını, daha da çətinləşdiyini görmüsünüzmü?
   Nə baş verəcəyini gözləyirdiniz?
2. Həyatınızdakı hərəkət, hərəkətsiz qaldığınız zaman görmədiyiniz zəiflikləri harada üzə çıxardı?
3. Düzgün iş görməyin dərhal rahatlıq və ya aydınlıq gətirəcəyini hansı yollarla güman etdiniz?
   Bunun əvəzinə nə baş verdi?
4. Qərarınızı şübhə altına aldınızmı — çünki qeyri-müəyyən idi, əksinə, çətinləşdiyinə görə?
   Bu çətinlik sizi nəyə şübhə ilə yanaşdı?
5. Keçmişdəki hansı "rahatlığa" qayıtmaq istəyirsiniz - doğru olduğuna görə yox, tanış olduğuna görə?
6. Geri qayıtmağı düşünəndə əslində nə axtarırsınız - həqiqəti, yoxsa rahatlığı?
7. Daxili münaqişə olmadan əvvəlki həyatınıza qayıtmağı qeyri-mümkün edən sizdə nə dəyişib?
8. Mübarizənin uğursuzluq əlaməti deyil, ifşa əlaməti olduğunu harada hiss edirsiniz?
   Nə aşkarlanır?
9. İrəliləməyə davam etmək nə demək olardı - daha asan hiss etdiyinə görə yox, geri qayıda bilməyəcəyini bildiyin üçün?

Oxucu üçün zərif istiqamətləndirmə

Hərəkətin başlanğıcı çox vaxt sürpriz gətirir.
Rahatlıq gətirəcəyi gözlənilən şey,
əksinə, müqaviməti ortaya çıxardı.
Amma çətinlik həmişə səhv etdiyiniz anlamına gəlmir.
Bəzən bu, artıq qaçmadığınız anlamına gəlir.
Sizdən əmin olmağınız xahiş olunmur.
Sizdən dürüstcəsinə davam etməyiniz xahiş olunur.
Çünki aydın şəkildə gördükdən sonra
geri qayıtmaq səni bərpa etməyəcək.
Və irəli gedən yol, çətin olsa da,
addımladığınız ilk əsl yol ola bilər.

Fəsil 10 — Doğru səslənən, lakin səhvə aparan səslər

Rəhbərlik bir sapma yoluna çevrildikdə

Bu yolda irəlilədikcə, çətinlik çəkmədən, qarşıma müəyyən məsləhətlər və təkliflər çıxdı ki, bunlar əvvəlcə indi hiss etdiyim gərginliyi aradan qaldırmağa kömək edir və hazırda məşğul olduğumdan daha az münaqişə tələb edən irəliləyiş yolu kimi görünürdü. Bunlar açıq müxalifət kimi deyil, axtardığım şeyə qarşı çıxmayan, əksinə, ona çatmağın başqa bir yolunu təklif edən ağlabatan alternativlər kimi gəldi.

Vəziyyətimi başa düşən, daşıdığım yükü və girdiyim yolun çətinliyini qəbul edən, eyni zamanda bəlkə də öz üzərimə lazım olduğundan daha çox şey götürdüyümü iddia edən səslər var idi. Onlar daha ölçülü, bu qədər təcililik tələb etməyən, vicdana bu qədər ağır təzyiq göstərməyən, daha tədricən və tarazlı bir yola imkan verən bir yol ola biləcəyini düşünürdülər.

Bəzən özümü dinləməyə meylli hiss edirdim, çünki bu səslər məni tərk etdiyim şeylərə qaytarmırdı, əksinə, daha az sərt olsa da, irəliləyiş kimi görünən bir yol təqdim edirdi. Onlar mülayimlikdən, səbirdən, qorxu və ya şiddət tərəfindən çox uzağa aparılmamaqdan danışırdılar və bunda asanlıqla rədd edilməməsi mümkün olan bir müdriklik var idi.

Amma bunları düşünərkən belə, içimdə sakit bir narahatlıq qaldı, çünki deyilənlər ağlabatan görünsə də, daşıdığım yükü tam olaraq əks etdirmirdi və məni hərəkət etməyə məcbur edən təcililiyi aradan qaldırmırdı. Bu, vəziyyətimdən daha çox rahatlığıma xidmət edirdi və təzyiqdən azad olmağı təklif etsə də, məni narahat edən şeylərə həll yolu gətirmədi.

Həmçinin, elə vaxtlar olurdu ki, yolu özümə uyğun şəkildə formalaşdıra biləcəyimi düşünürdüm, faydalı görünən şeyləri götürüb çox çətin görünən şeyləri kənara qoyurdum, eyni məqsədə daha asan yolla çata biləcəyimi düşünürdüm. Və bu fikir müəyyən dərəcədə cəlbedici idi, çünki hiss etməyə başladığım xərclər olmadan irəliləyiş vəd edirdi.

Amma bu mülahizələr üzərində dayandıqca, təklif olunanların məni irəli aparmadığını, əksinə, bir az kənara çəkdiyini və fərqin əvvəlcə kiçik görünsə də, belə qalmayacağını anlamağa başladım. Çünki güzəştlə başlayan yol tam itaət tələb edən yolla eyni yerdə bitmir və əvvəlində rahatlıqla qazanılan şey çox vaxt sonunda həqiqətdə itir.

Bəs eşitdiyi səslər onu geri çağırmayan, əksinə, yavaşca uzaqlaşdıran insan nə etməlidir? Səhv yalan kimi deyil, demək olar ki, doğru bir şey kimi görünəndə? Qarşısına qoyulan yol rədd edilmədən, əvvəl tələb etdiyi yolu tələb etməyənə qədər sakitcə düzəldiləndə? Bunları asanlıqla ayırd etmək olmur, çünki onlar açıq şəkildə etiraz etmir, əksinə, incə şəkildə inandırır.

Bununla başa düşdüm ki, bütün rəhbərlik təhlükəsiz deyil və buna görə də istəyimə uyğun gələn şey doğru deyil. Çünki məni aparandan daha çox, rahatladan şeyə tabe olsam, bir müddət özümü rahat hiss edə bilərəm, amma axtardığım şeyə daha yaxın ola bilmərəm. Və belə bir yol yumşaq görünsə də, yükü götürmür, əksinə, yalnız onun bütün ağırlığını gecikdirir.

Beləliklə, mən açıq-aydın doğru ilə açıq-aydın səhv arasında deyil, doğru ilə daha asan, vəziyyətimə uyğun olan ilə hisslərimə rahatlıq verən arasında seçim etmək məcburiyyətində qaldım. Və gördüm ki, əgər düzgün davam etsəm, nəinki bildiklərimi geridə qoymalı, həm də faydalı görünən, lakin məni irəli aparmayan şeylərdən imtina etməliyəm. Çünki yol dar olsa da, qeyri-müəyyən deyil və ondan bir az da olsa uzaqlaşmaq ilk baxışdan gördüyümdən daha çoxunu itirmək deməkdir.

BÖLMƏ NÖQTƏLƏRİ

Dürüst Diqqət üçün Suallar

Bu sualları tələsdirməyin.
Qoy onlar yalnız aşkar olanları deyil, həm də məntiqli görünənləri sınaqdan keçirsinlər.

1. Müdrik səslənən, lakin tələb olunduğunu bildiyiniz təciliyi sakitcə azaldan hansı rəhbərlik almısınız?
2. Sizə harada daha asan itaətkarlıq — tarazlı, ölçülü və daha az tələbkar hiss olunan bir versiya təklif olunub?
3. Hazırda sizi daha çox cəlb edən nədir: təzyiqdən azad olmaq, yoxsa vəziyyətinizin yaxşılaşması?
   Fərq barədə dürüst olun.
4. Həqiqi olduğunu bildiyiniz şeyləri tam əks etdirməsə də, heç bir şeyi məntiqli hesab etdiyi üçün izləmisinizmi?
5. Rahat olanı saxlamaq və bahalı olanı kənara qoymaq üçün yolu harada düzəltməyə meyllisiniz?
6. Daxili və ya xarici səslər sizi həqiqətin tələb etdiyindən daha yavaş hərəkət etməyə təşviq edir?
   Onlar necə səslənir?
7. Bir şey "demək olar ki, düzgün" hiss edildikdə, onun həqiqətən irəli aparıb-aparmadığını necə müəyyən edə bilərsiniz?
8. Hansı hissəniz istəyinizə meydan oxumaqdansa, ona uyğun gələn rəhbərliyə üstünlük verir?
9. İndi kiçik bir güzəştin sizi gözlədiyinizdən daha da uzaqlaşdıra biləcəyini harada hiss edirsiniz?

Oxucu üçün zərif istiqamətləndirmə

Bütün səhvlər müxalifət kimi görünmür.

Bəziləri səssizcə gəlir —
özünü elan etmədən tənzimləmək, yumşaltmaq və
yönləndirmək.
Və ağlabatan görünən şey
həmişə doğru olmur.
Sizdən hər şeyi rədd etməyiniz xahiş olunmur.
Sizdən diqqətlə ayırd etməyiniz xahiş olunur.
Çünki yolun
dəyişdirilməsi üçün onu inkar etmək lazım deyil.
Kiçik bir sapma kimi başlayan şey
kiçik olaraq qalmır.

Fəsil 11 — Az adamın yeriməyə davam etməsi ilə bağlı dar yol

Gizli Döyüşlər, Səssiz İtkilər və Görünməyən Tərəqqi

Bir çox səsin qarışıqlığından keçərək və hər şeyin doğru olmadığını anlamağa başladıqdan sonra özümü istiqaməti daha aydın olsa da, yeriməsi asan olmayan bir cığırda tapdım. Qarşımdakı yol geniş deyildi, insanlarla dolu deyildi, əksinə dar və bəzən tənha görünürdü, ona görə də başqalarının varlığına etibar edərək düzgün getdiyimi təsdiqləyə bilmirdim.

Əvvəlcə düşünürdüm ki, düzgün yol tapıldıqdan sonra bu yolda müəyyən qədər həvəsləndirmə olacaq, ya da heç olmasa irəliləyişin görünən və güclənən olacağı hissi yaranacaq. Amma tezliklə bunun belə olmadığını anladım, çünki davam etsəm də, həmişə irəlilədiyimi hiss etmirdim və çalışsam da, həmişə qazandığımı hiss etmirdim. Yol əzmkarlıq tələb edirdi, amma dərhal əminliklə mükafatlandırmırdı.

Elə anlar olurdu ki, axtardığım şeyə daha yaxın olduğumu göstərən əlamətlər axtarırdım, amma əminliklə göstərə biləcəyim az şey tapırdım. Geridə qoyduğum şeylər aydın idi, amma nəyə çevrildiyim hələ tam məlum deyildi. Və bu, məndə bir az narahatlıq yaradırdı, çünki artıq əvvəlki kimliyim deyildim, amma nə olacağım barədə tam qərarlaşmamışdım.

Bununla mən başa düşməyə başladım ki, səyahətin böyük bir hissəsi zahiri dəyişikliklə deyil, daxili dözümlülüklə əlamətdardır. Çünki ətrafımda az şey dəyişsə də, içimdə qalmaq, kənara çəkilməmək, geri qayıtmamaq və artıq imtina etdiyim şeyi qəbul etməmək üçün davamlı bir istək var idi. Və bu dözümlülük, sakit olsa da, əvəzsiz deyildi.

Bu yolla birlikdə itkilər də olurdu, amma həmişə görünən şeylərdə deyil, hiss olunan şeylərdə. Bir vaxtlar sahib olduğum rahatlıq yox olmuşdu, bir vaxtlar dincəldiyim tanışlıq artıq məni saxlamırdı və hətta əminlik rahatlığı belə həmişə məni müşayiət etmirdi. Həmişə aydınlıqla deyil, dayanmağa imkan verməyən bir növ zərurətlə yeriyirdim.

Bəzən düşünürdüm ki, bəlkə də istirahət etmək, davamlı səy tələb etməyən şəkildə fasilə vermək, yoxsa daha az tələbkar bir yerdə məskunlaşmaq daha yaxşı olmazdı. Amma gördüm ki, bu cür düşüncələr məni irəli aparmır, əksinə, məni sülh deyil, durğunluq olan bir sakitliyə doğru aparır. Çünki getdiyim yol nəticəsiz qalmağıma imkan vermirdi.

Gördüyüm odur ki, bu yol dar olsa da, qeyri-müəyyən deyil, dəqiq idi. Zəifliyimə uyğunlaşmaq üçün genişlənmədi və ya seçimlərimə uyğunlaşmadı, əksinə, verilən şəkildə davam etməyimi tələb etdi. Bəzən bu, ciddi görünsə də, onun darlığının mənə mane olmaq üçün deyil, məni azmaqdan çəkindirmək üçün olduğunu anlamağa başladım.

Bəs yol düzgün getsə də, az təşviq verərsə, insan nə etməlidir? Tərəqqi həmişə görünməyəndə və güc həmişə hiss olunmayanda? İrəliləyişinə əmin olduğu üçün deyil, geri dönə bilməyəcəyini bildiyi üçün davam etməli olduğu zaman? Bu şeylər insanın nə bildiyini deyil, bilməsi kifayət etmədikdə nə edəcəyini sınayır.

Beləliklə, bir vaxtlar düşündüyüm əminliklə deyil, hisslərdən daha çox zərurətdən və aydın görə bildiklərimdən daha çox inkar edə bilmədiyim şeylərdən qaynaqlanan sabitliklə yoluma davam etdim. Çünki az adamın keçdiyi yol həyəcanla deyil, davamla davam edir və bu yolda qalanlar bunu asan olduğuna görə deyil, getməli olduqları yerə aparan başqa bir yolun olmadığını anladıqları üçün edirlər.

BÖLMƏ NÖQTƏLƏRİ

Dürüst Diqqət üçün Suallar
Bu sualları tələsdirməyin.
İrəliləyişin qeyri-müəyyən hiss olunduğu yerlərdə onlara cavab verin.

1. Həyatınızın hansı mərhələsində irəlilədiyinizi göstərən açıq əlamətlər olmadan davam edirsiniz?
   Bunu sizin üçün çətinləşdirən nədir?
2. Bir yola sadiq qalmaq üçün görünən irəliləyişlərə, nəticələrə və ya təsdiqlərə nə dərəcədə güvənirsiniz?
3. Geridə nə qoyub getdin ki, geri qayıda bilməyəcəksiniz, amma qarşıda nə var ki, hələ tam formalaşmayıb?
4. Böyüməni yalnız görə və ya hiss edə bildiyiniz şeylərlə ölçmək üçün hansı yollarla meyllisiniz?
5. Hal-hazırda həyatınızda hansı sakit dözümlülük formaları mövcuddur ki, onları görməməzliyə vura bilərsiniz?
6. İrəlilədikcə nəyi itirdiniz - dramatik şəkildə yox, tədricən -?
   Rahatlıq? Tanışlıq? Əminlik?
7. Dayanmağı və ya məskunlaşmağı düşündüyünüz zaman əslində nə axtarırsınız - istirahət, yoxsa təzyiqdən azad olmaq?
8. Davam etmək nə demək olardı - özünüzü güclü hiss etdiyiniz üçün deyil, başqa yol olmadığını bildiyiniz üçün?
9. Sabitlik sizdə harada formalaşır - həyəcanla deyil, davam etməklə?

Oxucu üçün zərif istiqamətləndirmə
Bütün irəliləyişlər görünmür.
Heç bir şeyin tərpənmədiyi fəsillər var,
amma hər şey formalaşır.

Yol həmişə səni yeriyərkən təsdiqləmir.
Bəzən sadəcə qalmağı tələb edir.
Sizdən əmin olmağınız xahiş olunmur.
Davam etməyiniz xahiş olunur.
Çünki dözümlülük təkcə aydınlıqla deyil,
geri dönməyin artıq mümkün olmadığının dərk edilməsi ilə təmin olunur.
Və bu tanımada
fərqli bir güc formalaşmağa başlayır.

Fəsil 12 — Ya çatdığınız, ya da tərk etdiyiniz sonluq

Niyə Çoxları Başlayır, Azları Davam Edir və Azları Bitirir

Dar bir yolun yükünü, gedişini, çətinliyini və sakit tələblərini aşaraq bura qədər irəlilədikdən sonra nəhayət anladım ki, girdiyim səyahət tək başlama, aydınlıq anları və hətta güc mövsümləri ilə davam etdirilə bilən bir səyahət deyil, çoxlarının danışdığı, lakin az adamın dəstəklədiyi bir davam tələb edir. Çünki bir yola başlamaq bir şeydir, sona qədər davam etmək isə başqa bir şeydir.

Əvvəlcə, xüsusən də yük yeni göründüyü və dəyişikliyə ehtiyacın güclü olduğu zaman insanı irəli aparan bir növ təcililik olur. Belə bir vəziyyətdə hərəkət asanlıqla baş verir və qərarlar, baha başa gəlsə də, zəruri görünür. Lakin zaman keçdikcə və bu təciliyin ilk gücü aradan qalxmağa başladıqca, başqa bir çətinlik yaranır - başlanğıcda deyil, davam etməkdə.

Çünki yol bir müddət orada gəzdiyinə görə özünü qısaltmır və ya bir insanın artıq müəyyən bir xərc ödədiyinə görə tələblərini azaltmır. O, əvvəlki kimi qalır, eyni uyğunluğu, eyni kənara çəkilməkdən imtinanı və eyni davam etmək istəyini tələb edir, hətta başlanğıc səbəbi artıq eyni intensivliklə hiss olunmasa belə.
Bura qədər gələn, aydın görən, səmimi şəkildə başlayan və hətta bir müddət dözən, amma sona qədər davam etməyən çox insan var. Bilmədikləri və ya bir müddət bacarmadıqları üçün deyil, onlardan tələb olunan sabitliyin qorumaq istədikləri ilə uyğun gəlmədiyi üçün. Çünki yol insanın təkcə əvvəllər sahib olduğu şeyləri geridə qoymasını deyil, həm də səyahətin özü zamanı ortaya çıxanları geridə qoymağa davam etməsini tələb edir.

Bəzən açıq şəkildə geri qayıtmaq yox, sakitcə yavaşlamaq, tempi azaltmaq, tələbləri yumşaltmaq və davam edən, lakin artıq irəliləməyən bir gediş formasına keçmək cazibəsi yaranır. Və bunu asanlıqla ayırd etmək olmur, çünki zahirən insan hələ də yolda görünə bilər, amma daxilən onu əvvəlcə məcbur edən şeyləri izləməyi dayandırıb.
Həmçinin öz daxilində düşünməyə başlayanlar da var ki, artıq etdiklərinin kifayət olduğunu, qət etdikləri məsafənin onları qalan şeylərdən məhrum etdiyini və ya ödədikləri xərclərin onlara olduqları yerdə dincəlmək üçün bir az imkan verdiyini düşünürlər. Və bununla da onlar davamı xatirə ilə əvəz edirlər, qarşılarındakılara doğru irəliləmək əvəzinə, görülən işlərlə yaşayırlar.

Lakin yol görülən işləri hələ edilməli olan şeylərin əvəzinə qəbul etmir. O, sonluqlar əvəzinə başlanğıcları, dözümlülük əvəzinə səyləri qəbul etmir. O, insanın bəzən və ya ona uyğun olanda deyil, tamamilə və sona qədər qalmasını tələb edir. Və bu, açıq şəkildə ifadə olunsa da, asanlıqla yaşanmır.

Bəs insan artıq səyahət onu daşımırsa, amma özünü orada daşımalı olursa, bəs nə etməlidir? Bir vaxtlar onu hərəkətə gətirən səbəblər artıq eyni qüvvə ilə hiss olunmursa? Həyəcanlandığı üçün deyil, bildiyi üçün davam etməli olduğu zaman? Bunlar yolu heyran edənləri orada gedənlərdən ayırır.

Çünki sonda fərq kimin səmimiyyətlə başlamasında, kimin ən çox başa düşməsində, hətta kimin ən dərin inam hiss etməsində deyil, kimin qalmasındadır. Və qalmaq bir dəfə yerinə yetirilən bir hərəkət deyil, tez-tez xəbərdarlıq edilmədən və tanınmadan davamlı olaraq seçilən bir vəziyyətdir.

Beləliklə, qarşımda duran səyahətin başlanğıcın gücü və ya anlayışın aydınlığı ilə deyil, hətta mənə dərhal qayıtmasa belə, yolun özünə davamlı şəkildə təslim olmaqla başa çatacağını anladım. Çünki sona başlayanlar deyil, yoldan dönməyənlər çatır və çoxları üzünü ona yönəltsə də, yalnız davam edənlər əvvəlcə getmək istədikləri yerə çatacaqlar.

BÖLMƏ NÖQTƏLƏRİ

Dürüst Diqqət üçün Suallar
Bu sualları tələsdirməyin.
Qoy onlar necə başladığınızı deyil, necə davam etdiyinizi araşdırsınlar.

1. Həyatınızın hansı hissəsində təcililiklə başladınız, amma indi daha az intensivliklə davam edirsiniz? Nə dəyişib?
2. Hazırda nəyə güvənirsən - keçmiş qərarlara, yoxsa indiki davama?
3. Dayandırmaqla deyil, tələb olunanı azaltmaqla təqibinizi incə şəkildə yavaşlatdınızmı? Təzyiq harada sakitcə azaldılıb?
4. Artıq etdiyiniz işin hansı mənada "kifayət qədər" olduğunu düşünürsünüz? Artıq nəyə can atmırsınız?
5. Daxilən yerləşərkən hərəkətin görünüşünü harada saxlayırsınız?
6. Səyahət boyunca geridə qalmalı olan, amma hələ buraxmadığınız hansı yeni şeylər ortaya çıxdı?
7. Motivasiyanız azaldıqda, davamınızı davam etdirmək üçün nə qalır? Əslində nəyə güvənirsiniz?
8. Hazırkı həyatınızda yola heyran olmaqla onu tam şəkildə gəzmək arasında nə fərq var?
9. Əgər sonu başlanğıc yox, davam müəyyən edirsə, bu gün yenidən nəyi seçməlisiniz?

Oxucu üçün zərif istiqamətləndirmə

Başlanğıc sizi bir müddət daşıyır.

Amma son başlanğıcla deyil,
qalanla çatılır.
Bu mərhələdə heç bir qısa yol yoxdur.
Davam üçün heç bir əvəzetmə yoxdur.
Sizdən əvvəllər hiss etdiyiniz hissləri yaşamağınız xahiş olunmur.
Sizdən indiki durduğunuz yerdə qalmağınız xahiş olunur.
Çünki yol yaxşı başladığınızı soruşmur.
Qalib gəlib-gəlmədiyinizi göstərir.
Və sakit, gündəlik davam edən hərəkətdə
ya sona yaxınlaşılır, ya da yavaş-yavaş tərk edilir.

40 GÜNLÜK SƏYAHƏTƏ GİRİŞ

Yol Şəxsi Olduqda

Elə bir nöqtə gəlir ki, hekayə artıq hekayə olaraq qala bilməz - forması dəyişdiyinə görə deyil, oxuyanı sıxışdırmağa başladığına görə. Bir vaxtlar uzaqdan müşahidə edilən şey yaxınlaşmağa başlayır və bir vaxtlar intellektual olaraq başa düşülən şey razılaşmadan daha çox şey tələb etməyə başlayır. Bu, hərəkət tələb edir. Bu ana qədər Con Banyanın həyatında və daxili dünyasında təkcə bir tamaşaçı kimi deyil, müxtəlif məqamlarda onun vəziyyətində əks olunan öz vəziyyətinizin bir hissəsini görmüş biri kimi gəzmisiniz.

Siz doyulmaz narahatlığı, sakit qalmayacaq şüuru, şəxsi hala gələn qorxunu, sülh yarada bilməyəcək səyi və döyüş meydanına çevrilən zehni görmüsünüz. Siz onu aydınlığın qarışıqlığı əvəz etdiyi, yükün göründüyü, hərəkətin başladığı, yolun çətinləşdiyi, səslərin onu yönləndirməyə çalışdığı və davamın başlanğıcdan daha vacib olduğu yerə qədər izləmisiniz. Əgər diqqətlə izləsəniz, bunun yalnız onun hekayəsi olmadığını - bir nümunə olduğunu anlayacaqsınız. İndi isə hekayənin davamı deyil, ona dəvətdir. Oxucu ilə mövzu arasındakı məsafənin azaldığı yer budur. Artıq sizdən səyahəti başa düşməyiniz istənilmir - siz ona gətirilirsiniz. Hamısı birdən-birə deyil və dözə biləcəyinizdən artıq deyil, addım-addım, diqqətinizi, dürüstlüyünüzü və iştirakınızı tələb edəcək şəkildə.

Bu 40 günlük səyahət sizi məlumatlandırmaq üçün deyil, formalaşdırmaq üçün qurulmuşdur. O, beş fərqli mərhələdən keçir, hər biri sonuncu mərhələni qurur, hər biri zəruri bir şeyi üzə çıxarır və hər biri sizdən fərqli bir şey tələb edir. Bu mərhələlər süni bölünmələr deyil, əsl transformasiyanın necə inkişaf etdiyinin əksidir - tədricən, çox vaxt sakitcə və müqavimətsiz.

Birinci mərhələ **Oyanışdır** və burada yük danılmaz hala gəlir. Burada sizdən dərhal dəyişməyiniz deyil, aydın görməyiniz istənəcək. Çoxları əvvəlcə öz vəziyyətlərini tam olaraq dərk etmədən irəliləməyə çalışır və bunu edərkən qarşılaşmalı olduqları şeyi irəli aparırlar. Bu ilk dövrlərdə vurğu hərəkətə deyil, dürüst, diqqətsiz və fasiləsiz şüura yönəlir.
Oradan səyahət **Ayrılığa doğru irəliləyir** , burada sizi izləyə bilməyən şeylər geridə qalmalıdır. Hərəkət buradan başlayır, amma xərcsiz deyil. Həm daxildən, həm də xaricdən müqavimətlə qarşılaşacaqsınız və itaətin həmişə ətrafınızdakılar tərəfindən təsdiqlənmədiyini görməyə başlayacaqsınız. Bu mərhələ təxirə salına bilməyən qərarlar və borc götürülə bilməyən aydınlıq tələb edəcək.
Üçüncü mərhələ **Münaqişədir** və burada gözləmədiyiniz müqavimət üzə çıxmağa başlayır. Burada mübarizə daha da müəyyənləşir. Şübhə, ruhdan düşmə və müxalifət formalaşır və bir vaxtlar əminlik hissi verən şeylər o qədər də hiss olunmur. Bu, uğursuzluq deyil, ifşadır. İçinizdə olanlar ortaya çıxacaq və sizdən davam etmək tələb olunacaq, çünki özünüzü güclü hiss edirsiniz, yoxsa geri dönə bilməyəcəyinizi bilirsiniz.
Formalaşma gəlir , burada ifşa olunmuş şeylər yenidən formalaşmağa başlayır. Bu, əvvəlkindən daha yavaş, daha az nəzərə çarpan və çox vaxt daha az dramatikdir. Məhz burada intizam kök salır, kimlik dəyişməyə başlayır və ardıcıllıq intensivliyi əvəz edir. Çoxları bu mərhələni görməzdən gəlir, çünki orada təcililik yoxdur, lakin məhz burada sabitlik formalaşır və müvəqqəti olan davamlı olanla əvəz olunur.
Son mərhələ **Səbr və Gəliş mərhələsidir ki** , burada səyahət yalnız davam etmir, həm də başa çatır. Məhz burada çoxları tərəddüd edir - əvvəlində deyil, sona yaxın. Yorğunluq başlayır, tanışlıq təciliyi azaldır və qərarlaşmaq istəyi zəifləyir. Lakin fərq məhz burada yaranır, çünki yol necə başladığı ilə deyil, bitib-bitmədiyi ilə ölçülür.
Bu səyahətə qədəm qoyarkən bunu başa düşməlisiniz: sizdən irəli oxumaq, tələsik oxumaq və ya dərindən məlumat toplamaq istənilmir. Sizdən yavaş-yavaş, şüurlu və dürüst

şəkildə yerimək istənilir. Hər gün tamamlanmalı bir iş deyil, atılmalı bir addımdır. Və hər addım, düzgün atıldığı təqdirdə, sizdən bir şey tələb edəcək - əvvəlcə zahirən deyil, daxilən, əsl işin başladığı yerdən.
Buna təsadüfi yanaşmayın. Mənəvi dillə tanışlığın sizi irəli aparacağını düşünməyin. Sizi dəyişdirmək üçün nəzərdə tutulan şeylərlə məşğul olarkən toxunulmamağa çalışmayın.
Bu səyahətin effektivliyi nə qədər oxuduğunuzla deyil, qarşınıza qoyulanlarla nə qədər səmimi şəkildə məşğul olmağınızla müəyyən ediləcək.
Çünki qarşıda sadəcə bir ibadət deyil, bir yol durur. Və onu dürüstlüklə yeriməyə başladıqdan sonra görəcəksiniz ki, o, sizi tapdığı yerdə qoymayacaq.
Hələ hər şeyi başa düşməyiniz tələb olunmur.
Amma artıq dəyişməz qalmağınıza icazə verilmir.

BU KİTABDAN NECƏ İSTİFADƏ ETMƏLİDİR

Fərdlər və Qruplar üçün
Bu, tələsik oxunmalı bir kitab deyil.
Bu, piyada getməli bir səyahətdir.
O, məlumat üçün deyil, formalaşdırmaq üçün nəzərdə tutulub.
Yığım üçün deyil, uyğunlaşdırma üçün.
Sən onu tamamlamalı deyilsən. Sən **onu daxil** etməlisən .

1. BU KİTABDAN FƏRDİ ŞƏXS OLARAQ İSTİFADƏ
Bu səyahət yavaş-yavaş, dürüst və heç bir nəticə vermədən getməlidir.
A. Gündəlik Ritm (15–30 Dəqiqə)
Hər gün başa çatdırılmalı bir iş deyil, daxil edilməli bir məkandır.
1. Yavaş-yavaş oxuyun,
gözlərinizi yayındırmayın. Sözlərin yerini tapması üçün kifayət qədər oxuyun.
2. Anı daxil edin
Mətndən kənarda durmayın. Bunyanın təcrübəsinin güzgüyə çevrilməsinə icazə verin. Nəyin artdığına diqqət yetirin - müqavimət, tanıma və ya narahatlıq.
3. Suallarla oturun.
Cavab verməyə tələsməyin. Bəzi suallar sizi gün boyu izləmək üçün nəzərdə tutulub.
4. Hərəkəti tətbiq edin.
Hər gün kiçik bir itaətkarlıq hərəkəti tələb edir. Bunu sakitcə edin. Qoy elan etmədən sizi formalaşdırsın.
5. Sadəcə dua edin.
Dualar təəssürat yaratmaq üçün deyil. Onlar uyğunlaşmaq üçün nəzərdə tutulub. Onlardan istifadə edin və ya Allahın qarşısında öz sözlərinizi açmalarına icazə verin.

B. Səyahət üçün duruş

Bu kitabın öz işini görməsi üçün:

- **Yalnız bir gün** oxuyun
- Marağı təmin etmək üçün irəli getməyin
- Emosional təcrübələr axtarmayın - uyğunlaşma axtarın
- Həddindən artıq sənədləşdirməyin — itaət anlayışdan daha vacibdir

Bu səyahət təmkinlə yanaşdıqda ən yaxşı nəticəni verir.

C. Nə vaxt fasilə verilməlidir

Əgər bir gün daha dərin bir şeyi - müqaviməti, inamını və ya yorğunluğu üzə çıxarırsa:

- Həmin gün əlavə 24-48 saat qalın
- Əksini yenidən nəzərdən keçirin
- Hərəkəti təkrarlayın
- İrəli getməzdən əvvəl həqiqətin həll olunmasına icazə verin

Formalaşma xətti deyil.
Səthin altında işləyən şeyləri tələsdirməyin.

2. BU KİTABDAN QRUP ŞƏRAİTİNDƏ İSTİFADƏ

Bu səyahət birlikdə gedə bilər, amma dürüst qalmalıdır.
Bu, tədqiqat qrupu deyil.
Bu, **təhsil mühitidir** .

A. İdeal Qrup Ölçüsü

- Optimal olaraq 4-8 nəfər
- Daha az limit paylaşılan dərinlik
- Daha böyük qruplar tez-tez dürüstlüyü azaldır

B. Təklif olunan Həftəlik Ritm

Hər gün görüşmək əvəzinə:

- Hər bir şəxs gündəlik oxumaları fərdi olaraq tamamlayır
- Qrup həftədə bir dəfə görüşür

- Bir gün istirahət və ya düşünmək üçün açıq qalır

Bu, həqiqətin **fərdi şəkildə yaşanmasına** və **birlikdə işlənməsinə imkan verir** .

C. Qrup Toplanış Quruluşu (60–90 Dəqiqə)

1. Sakitliyin açılışı (5 dəqiqə)

Yeniliklər yoxdur. Söhbət yoxdur. Otağın sakitləşməsinə icazə verin.

2. Ortaq Düşüncə (30 dəqiqə)

Hər bir şəxs yalnız cavab verir:

- Bu həftə mənə nə müqavimət göstərdi?
- Mənə nə aşkar edildi?

Düzəliş yoxdur.

Təlim yoxdur.

3. Ayrı-seçkilik (20 dəqiqə)

Seçilmiş parçaları ucadan oxuyun. Soruşun:

- Nə formalaşır?
- Nə tələb olunur?

4. Dua (15 dəqiqə)

Rahatlıq üçün deyil, uyğunlaşma üçün dua edin. Sadə və səmimi olun.

D. Qrup Sazişləri (Əsas)

Səyahətin bütövlüyünü qorumaq üçün:

- Bir-birini düzəltməmək
- Dəvət olunmadığı təqdirdə dərs keçilə bilməz
- Tələb olunmadığı təqdirdə məsləhət verilmir
- Qrup xaricində paylaşım yoxdur
- Müqayisə yoxdur

Bura təəssürat yaratmaq üçün deyil.

Formalaşmaq üçün bir yerdir.

3. BU KİTABDAN ŞAGİRDLİK VƏ LİDERLİK ÜÇÜN İSTİFADƏ

Bu səyahət xüsusilə aşağıdakılar üçün uyğundur:

- Liderlik qrupları
- Şagirdlik qrupları

- İnkişaf etməkdə olan liderlər
- Daha dərin məsuliyyətə girənlər

A. Liderliyə Fokus
Təsirə məruz qalan sahələrə diqqət yetirin:

- Nəzarət
- Görünürlük
- Dözümlülük
- Sakit itaət

Bu kitab **qabiliyyətdən əvvəl xarakteri formalaşdırır** .

B. Fasilitatorun rolu
Başqalarına rəhbərlik edirsinizsə:

- Məkana hakim olmayın
- Prosesi tələsdirməyin
- Səssizliyə icazə verin
- Dürüstlüyü qoruyun

Sən qrupun səsi deyilsən.
Sən **ətraf mühitin qoruyucususan** .

4. BU KİTAB NƏDİR VƏ NƏ DEYİL

Bu kitab:

- Oyanış, mübarizə və davam yolu ilə səyahət
- Daxili həyat üçün güzgü
- Yaşayan itaətkarlığa doğru bir bələdçi
- Formalaşma yolu

Bu kitab deyil:

- Tez bir dua
- Teoloji sistem
- Motivasiya proqramı
- Səthi səviyyədə oxu təcrübəsi

, sadəcə sizinlə danışmaq üçün deyil, **sizin üzərinizdə işləmək** üçün hazırlanmışdır .

5. BAŞLAMAZDAN ƏVVƏL SON SÖZ

Sizdən səyahətə heyran olmağınız istənilmir.
Sizi gəzməyə dəvət edirlər.
Yavaş-yavaş oxuyun.
İcra etməyin. Tələsməyin.
Daşıdığınız şey daha aydın olacaq.
Qalmalı olan şey aşkar olacaq. Üzləşməli olan şey gizli qalmayacaq.
Və zamanla oxumaqla başlayan şey
tanımaya çevriləcək.
Və tanınmaya çevrilən şey
cavab istəməyə başlayacaq.
Səyahət başa düşdüyünüz zaman başlamaz.
Artıq gözardı edə bilmədiyiniz zaman başlayır .

MƏRHƏLƏ 1 — Oyanış (1–8-ci günlər)

Yük, şüur, narahatlıq, məhkumluq

1-Cİ GÜN — Artıq görməzdən gələ bilməyəcəyiniz çəki

Şüurluluq sakit qalmaqdan imtina etdikdə

"Vəziyyətimi çox kədərli hesab etdim... çünki qorxurdum ki, bu pis günahım bağışlanmaz günah ola bilər."
— *Con Banyan, "Grace Abounding"*

Bir vaxtlar Bunyanın artıq əvvəlki kimi həyatda irəliləyə bilmədiyi bir dövr var idi. Zahirən heç nə dərhal dəyişməmişdi - o, hələ də əvvəlki kimi yaşayır, danışır və hərəkət edirdi - amma daxilən nəsə dəyişmişdi. Bir vaxtlar görməzdən gəldiyi şeylər onu narahat etməyə başladı. Bir vaxtlar rədd etdiyi şeylər geri qayıtmağa başladı. Bir vaxtlar yüngül daşıdığı şeylər isə ona ağırlıq gətirməyə başladı.

O, aydınlıqla başlamadı.

O, narahatlıqla başladı.

Əvvəlcə bu, hətta tam başa düşülməmişdi. Bu, bir hiss idi — qətiyyətsiz bir bilik. Hələ tam izah edə bilməsə də, daxilində bir şeyin düzgün olmadığının etirafı. Və bu şüur onu tərk etmədi. Onu izləyirdi. Onu dayandırırdı. Yanından keçməyə çalışanda geri qayıtdı.

Hər əsl səyahətin başladığı yer budur.

Hər şey aydın olanda yox.

Hər şey qərarlaşdırılanda yox. Amma nəsə sakit qalmaqdan imtina edəndə.

Bu anı tanıya bilərsiniz.

Dramatik bir şey kimi deyil, davamlı bir şey kimi. Sakit bir narahatlıq. Həyatınızdakı bir şeyin uyğun gəlmədiyi hissi. Dözülməməli olan bir şeyə dözüldüyü və bir şeyin kifayət qədər gecikdiyi.

Bunyan kimi, siz də hələ bununla nə edəcəyinizi bilmirsiniz.

Və beləliklə, cazibədarlıq budur:

- yanından keçin
- məşğul qalmaq
- əhəmiyyətini azaltmaq
- ya da sonradan bununla məşğul olacağına söz verirəm

Amma Bunyan bundan qaça bilmədi.
Əgər dürüstsənsə, sən də edə bilməzsən.
Çünki şüur sabitləşdikdən sonra artıq könüllü deyil.
Bu, dəvət və ya xəbərdarlıqdır.
Təhlükə bunu hiss etməyinizdə deyil.
Təhlükə ondadır ki, o, tam danışmazdan əvvəl onu susdurursunuz.

Refleksasiya Sualları

- Məni sakitcə narahat edən və tam öhdəsindən gələ bilmədiyim nə idi?
- Harada narahatlıq hiss edirəm və onu kənara itələməyə davam edirəm?
- Artıq nəyi bilirəm, amma cavab verməmişəm?
- Artıq normal hiss etməməli olan nəyi normallaşdırdım?
- Diqqətimi yayındırmağı dayandırsam, üzə nə çıxacaq?

Dərin Əksolunma

Bunyan həyatını dəyişdirməklə başlamadı. O,
artıq onu görməzdən gələ bilməməklə başladı .
Bu gün səni ora gətirirlər.
Düzəltmək üçün deyil.
Həll etmək üçün deyil. Amma **fasiləsiz görmək üçün** .
Özünüzə sual verin:

Bildiklərimin ağırlığını hiss etməyə həqiqətən özümə icazə vermişəmmi?
Yoxsa
Bununla üzləşməmək üçün idarə edirəmmi?
Şüur hələ transformasiya deyil.
Lakin bunsuz transformasiya heç vaxt başlamaz.

Fəaliyyət Planı (Yalnız Bu Gün)

1. **Qəsdən sükut yaradın (10-15 dəqiqə).**
   Bütün diqqəti yayındıran amilləri aradan qaldırın.
2. **Bu cümləni yazın və vicdanla tamamlayın:**
   "Artıq gözardı edə bilmədiyim şey..."
3. **Cavabınızı yumşaltmayın**
   . İzahat yoxdur. Bəhanə yoxdur.
4. **Bu gün sonra yenidən oxuyun.**
   Yenidən oxuyun — yavaş-yavaş. Həll olunmamış qalmasına icazə verin.

Dua

Tanrım,
qarşılaşmalı olduğum şeylərlə necə yaşamağı öyrəndim.
Danışmalı olduğum şeyləri susdurdum və artıq bildiyim şeyləri təxirə saldım.
Bu gün üz döndərməyəcəyəm,
gördüklərimi azaltmayacağam.
Mənə müdafiəsiz həqiqətlə üzləşmək üçün cəsarət
və Sənin danışdığın yerdə qalmaq üçün dürüstlük ver.
Qoy bu gün başlayanlar
cavab verməyə hazır olana qədər mənimlə qalsın.
Amin.

2-Cİ GÜN — Normal Özünü Normal Hiss Etməyi Dayandıranda

Geri qaytara bilməyəcəyiniz pozuntu

"Mən öz gözlərimə qurbağadan daha iyrənc idim... və düşünürdüm ki, Allahın gözündə də beləyəm."
— *Con Banyan, "Grace Abounding"*

Bunyan vəziyyətinin fərqinə vardıqdan sonra daha dərin bir şey baş verməyə başladı - onun normal həyatı artıq normal hiss olunmurdu.
Bir vaxtlar düşünmədən yaşadığı eyni şeylər indi onu narahat edirdi.
Bir vaxtlar sərbəst danışdığı eyni sözlər indi ona qayıdırdı. Bir vaxtlar rahat yaşadığı eyni həyat indi özünü səhv hiss edirdi.
Zahirən heç nə dəyişməmişdi.
Amma daxilən hər şey dəyişmişdi.
Bu, oyanışın növbəti mərhələsidir.
Şüur özündə qalmır. O,
qavrayışı yenidən nizamlamağa başlayır .
Bir vaxtlar məqbul hesab edilən şey ağır hiss olunmağa başlayır.
Bir vaxtlar neytral hesab edilən şey açıq hiss olunmağa başlayır. Bir vaxtlar "sadəcə həyat" kimi hiss edilən şey dəyişməz davam edə bilməyən bir şey kimi hiss olunmağa başlayır.
Bunyan birdən zahirən fərqli bir insana çevrilmədi.
O, artıq daxilən gördüklərini görməzdən gələ bilməyən bir insana çevrildi.
Və bu, onun əvvəlki həyatını dözülməz hala gətirdi - dəyişdiyinə görə deyil,
ona görə ki **, o, ona baxış tərzini dəyişmişdi** .
Ola bilsin ki, siz də eyni yerə daxil olursunuz.

Harada:

- söhbətlər fərqli hiss olunur
- vərdişlər narahat hiss edir
- mühitlər səhv düzülmüş kimi hiss olunur
- və bir vaxtlar haqlı çıxardığın şeylər indi səni narahat edir

Bu, qarışıqlıq deyil.
tanışlığı pozan aydınlıqdır .
Və burada çoxları geri dönür.
Səhv olduqları üçün deyil —
amma bu mərhələ narahat olduğu üçün.
Çünki indi:
bir vaxtlar etdiyiniz işlərdən tam zövq ala bilmirsiniz, amma hələ yeni bir şeyə addım atmamısınız
Sən aradasan.
Və cazibə güclüdür:

- narahatlığı susdurmaq üçün
- diqqəti yayındırmağa qayıtmaq
- heç nəyin dəyişmədiyini iddia etmək
- həyatı əvvəlki halına qaytarmaq

Lakin Bunyan "normal" vəziyyətə qayıda bilmədi.
Çünki bir şey göründükdən sonra
görünməz ola bilməz.

Refleksasiya Sualları

- Həyatımda artıq əvvəlki kimi "normal" hiss olunmayan nə var?
- Artıq ağlıma gəlməyən nə etməyə davam edirəm?
- Bir vaxtlar zövq aldığım şeylər zamanı daxili müqaviməti harada hiss edirəm?
- İndi hansı mühitlər, vərdişlər və ya söhbətlər uyğunsuz hiss olunur?
- Rahatlığımı bərpa etmək üçün nəyi zorla etməyə çalışıram?

Dərin Əksolunma

Bunyan həyatını itirmədi. O,
rahatlığını orada itirdi .
Və bu məğlubiyyət lazım idi.
Çünki transformasiya həyat zahirən dəyişəndə başlamır - **artıq daxilən eyni şəkildə yaşaya bilmədiyiniz** zaman başlayır .
Özünüzə sual verin:
Rahatlığı qorumağa çalışıram... yoxsa həqiqətə cavab verməyə?

Düzünü desəm, "normal" həyat tərzimin hansı hissəsi artıq pozulub?

Fəaliyyət Planı (Yalnız Bu Gün)

1. **Həyatınızın artıq özünü düzgün hiss etməyən bir sahəsini müəyyənləşdirin.**
   Xüsusi olun (vərdiş, münasibət, davranış, mühit).
2. **Bunu aydın şəkildə yazın:**
   "Bu, artıq mənim kim olduğuma uyğun gəlmir..."
3. **Hələ dəyişməyin**
   Bu gün hərəkət üçün deyil, **tanımaq üçündür**
4. **Gününüzü diqqətlə**
   izləyin:
    - narahatlıq artdığı yer
    - nə tetikler
    - nədən qaçmağa çalışırsınız

Dua

Tanrım,
bir vaxtlar normal hiss etdiyim şey artıq içimdə deyil. İndi görürəm ki, bu, qarışıqlıq deyil, məni xəbərdar edən Sənsən.
Artıq böyüdüyüm şeylərə qayıtmamağıma kömək et.
Aşkar etdiyin şeyləri susdurmamağıma kömək et.
tez qaçmadan qalmağa cəsarət ver .

Qoy artıq uyğun olmayan şey
məni həqiqətə doğru aparsın.
Amin.

3-cü GÜN — Susdura Bilməyəcəyiniz Səs

Məhkumluq sizi tək qoymaqdan imtina etdikdə

"Günahım məni götürüb dizlərimin üstünə qoyardı, ağlayıb dua edərdim... amma sonra yenidən günah işlədərdim və sakitliyimi pozardım."
— *Con Banyan, "Grace Abounding"*

Bunyanın mübarizəsi ümumi bir şüur olaraq qalmadı. O, spesifik, şəxsi və davamlı hala gəldi. Sakit bir narahatlıq kimi başlayan şey indi forma və istiqamət aldı. Artıq sadəcə bir şeyin səhv olması deyildi. Məsələ onda idi ki, onun daxilində bir şey danışmağa başladı və bu, aydın şəkildə danışdı.

Bu səs zahirən deyil, daxilən gəlirdi, oradan asanlıqla qaçınmaq mümkün deyildi. Artıq müəyyən hərəkətlər nəticəsiz ötüşmürdü. Bəzi fikirlər bir dəfə də olsun unudulmurdu. Müəyyən anlar ona dəfələrlə qayıdır, zamanla azalmayan bir ağırlıqla onu sıxırdı. Və o, onların yanından keçməyə nə qədər çox çalışsa da, onlar bir o qədər güclü şəkildə geri qayıdırdı.

Əminlik də elə budur. O, qeyri-müəyyən qalmır. Özünü hər şeyə səpələmir. O, bir şeyin üzərində qərarlaşır və onu rahat buraxmaqdan imtina edir.

Bunyan özünü qıra bilmədiyi bir qanunauyğunluğa qapıldığını hiss etdi. Etdiyi işin ağırlığını hiss edəcək, dua edəcək və ya qətiyyətlə cavab verəcək və bir anlıq nəyinsə dəyişdiyinə inanacaqdı. Lakin qısa müddət sonra o, eyni qanunlara qayıdacaqdı və bu qayıdışla birlikdə daha dərin bir narahatlıq yaranacaqdı. Çünki xəbərsiz idi, çünki indi tam olaraq xəbərdar idi və hələ dəyişməmişdi.

Səs gecikmə ilə yoxa çıxmadı, daha kəskin oldu.
Bu qanunauyğunluğu öz həyatınızda da görə bilərsiniz. Dəvətnamə olmadan düşüncələrinizə qayıdan şeylər var. Tək olduğunuz zaman sizi dayandıran anlar. Hər şey sakit olanda ortaya çıxan dərklər. Gün ərzində onları kənara itələyə bilərsiniz, amma yavaşladığınız zaman geri qayıdırlar. Təsadüfi deyil, amma ardıcıl olaraq.

Bir müddət diqqətinizi yayındıra bilərsiniz. Hər şeyi izah edə bilərsiniz. Daha sonra bununla məşğul olacağınıza söz verə bilərsiniz. Amma o, sizi tərk etmir.

Çünki məhkumluq sizi dərhal qınamaq üçün deyil. O, səhv olana alışmağınıza mane olmaq üçündür. Bu sizin düşməniniz deyil. Bu, sizin müdaxilənizdir.
Və burada gərginlik daha da dərinləşir.

Artıq xəbərsiz deyilsiniz. Artıq sadəcə narahat deyilsiniz. Artıq sizə birbaşa, konkret və dəfələrlə müraciət olunur. Və müraciət edilən şey ümumi deyil. Bu, şəxsi məsələdir.

Məhz burada bir çoxları sərtləşməyə başlayır - zahirən deyil, daxilən. Həqiqəti açıq şəkildə rədd etməklə deyil, yavaş-yavaş onu görməzdən gəlməyə öyrəşməklə. Səs qalır, amma reaksiya zəifləyir. Şüur qalır, amma təcililik yox olur.

Bunyan bir müddət bu məkanda yaşadı — bilərək, hiss edərək, amma tam təslim olmadı.
Və əsl təhlükə də elə buradadır.

Refleksasiya Sualları

- Hansı konkret məsələ ağlıma dəfələrlə gəlir?
- Nəyə görə açıq şəkildə təhrik olunduğumu hiss edirəm, amma gecikməyə davam edirəm?
- Hazırda həyatımda ən sabit inanc haradadır?

- Məhkumluq hökmü çıxarıldıqdan dərhal sonra adətən nə edirəm - cavab verirəm, görməzdən gəlirəm, yoxsa haqlı çıxarıram?
- Bir vaxtlar həll edə biləcəyim nəyə dözməyə başladım?

Dərin Əksolunma
Bunyanın mübarizəsi onun şüurunun olmamasında deyildi.
Məqsəd tam cavab vermədən şüurunun olması idi.
Problem məhkumluqda deyil,
gecikmədədir.
Həyatınızda qeyri-müəyyən bir şey var. Bununla üzləşmək asan olmaya bilər, amma qeyri-müəyyən də deyil. Təzyiqin haradan gəldiyini bilirsiniz. Nəyin üzə çıxdığını və nəyin hələ də həll olunmadığını bilirsiniz.
Məsələ onun mövcud olub-olmamasında deyil.
Sual budur ki, siz buna reaksiya verirsiniz, yoxsa onu görməməzliyə vurmağa öyrəşirsiniz.

Fəaliyyət Planı (Yalnız Bu Gün)
Bu gün inancınıza qarşı reaksiyanızı kəsmədən müşahidə edə biləcəyiniz bir məkan yaradın.
Bir şey üzə çıxdıqda — istər fikir, istər xatirə, istərsə də bir dərk olsun — fasilə verin və sonra nə edəcəyinizə diqqət yetirin. Hələ düzəltməyin. Düzəltməyin. Sadəcə öz qaydalarınıza əməl edin.
Bir aydın cümlə yazın:
"Bilirəm ki, mənə..." ilə bağlı müraciət olunur.
Onu yumşaltmayın. İzah etməyin. Qoy olduğu kimi qalsın.
Gün bitməmişdən əvvəl həmin cümləyə bir daha qayıdın.
Yavaş-yavaş oxuyun. Həll olunmamış qalmasına icazə verin.

Dua
Ya Rəbb,
Sən danışırdın və mən Səni eşitdim. Həmişə tam deyil, amma kifayət qədər aydındır.
İndi başa düşürəm ki, gecikmişəm — başa düşmədiyim üçün yox, cavab vermək istəmədiyim üçün.

Səsini qulaqardına vurmağa alışmamağıma kömək et.
İşıqlandırdığın şeyləri susdurmamağıma kömək et.
Mənə artıq bildiklərimi etiraf etmək üçün dürüstlük və narahat olsa belə, Sənin danışdığın yerdə qalmaq üçün cəsarət ver.
Qoy mənə göstərdiyin şey mənim idarə etdiyim bir şey deyil, reaksiya verdiyim bir şey olsun.
Amin.

4-cü GÜN — Dəyişmədən Bilmək

Mənəvi Gecikmənin Sakit Təhlükəsi

"Məndə inanc var idi, amma dönüşüm yox idi... Bəzən xilas olmağı arzulayırdım, amma günahlarımdan ayrıla bilmirdim."
— *Con Banyan, "Grace Abounding"*

Bunyan anlamadığı üçün mübarizə aparmırdı. O, başa düşdüyü üçün mübarizə aparırdı və yenə də eyni qalırdı. Həyatında elə bir dövr gəldi ki, hər şey onu narahat edəcək qədər aydın idi, amma hələ onu hərəkətə gətirəcək qədər güclü deyildi. Onu nəyin narahat etdiyini bilirdi. Bunun ağırlığını hiss edirdi. Hətta bəzi vaxtlar bundan azad olmaq istəyirdi. Amma bu an keçdikcə yenidən eyni qaydalara, eyni güzəştlərə, eyni gecikmələrə qayıtdı.

Bu, cəhalət deyil.

Bu, bölünmüş iradədir.

O, öz vəziyyətindən xəbərsiz deyildi. O, buna biganə deyildi. Amma hələ biliyin təslim olmağa çevrildiyi yerə gəlməmişdi.

Və beləliklə, o, bir çoxlarının etiraf etdiyindən daha çox yayılmış bir məkanda yaşayırdı - həqiqətin tanındığı, lakin itaət edilmədiyi bir məkanda.

Və bu məkan təhlükəlidir.

Çünki bu, kişiyə dəyişmədən özünü məşğul hiss etməyə imkan verir. Bu, ona dəyişiklik haqqında danışmağa, dəyişiklik haqqında düşünməyə, hətta dəyişiklik arzulamağa və eyni zamanda dəyişməz qalmağa imkan verir. Əhəmiyyətli olan hər şey yerində qalarkən hərəkət illüziyası yaradır.

Özünüzü burada tapa bilərsiniz.

Nəyin səhv olduğunu müəyyən edə biləcəyiniz yer. Hətta bunu aydın şəkildə izah edə biləcəyiniz yer. Sizi dayandıracaq qədər güclü inam anları hiss etdiyiniz yer, amma hərəkətə keçməyə məcbur edəcək qədər güclü deyil. Və beləliklə, bilmədiyiniz üçün deyil, bildiklərinizlə necə yaşamağı öyrəndiyiniz üçün davam edirsiniz.

Bunu Bunyan etdi.
O, dərindən hisslər keçirir, qısa bir qərar verir və sonra sakitcə qayıdırdı. Həmişə itaətsizliklə yox, gecikmə ilə. Həmişə həqiqəti rədd etmir, itaəti təxirə salırdı. Və zaman keçdikcə bu model onun inamı zəiflətmədi - ona qarşı reaksiyasını zəiflətdi.
Bu, incə dəyişiklikdir.
Əminlik qalır.
Reaksiya azalır.
Və bu baş verdikdə, insanın daxilində bir şey formalaşmağa başlayır - birdən-birə sərtlik deyil, yavaş-yavaş böyüyən müqavimət. Həqiqət tanış olur. Təcililik könüllü olur. Bir vaxtlar güclü şəkildə təzyiq edilən şey indi idarə oluna bilən bir şeyə çevrilir.
Amma dəyişmədən bilmək neytral deyil.
Bu, səhv istiqamətdə hərəkətdir.
Çünki hər dəfə aydın gördüyünüz şeyə reaksiya vermədikdə, olduğunuz yerdə qalmırsınız - orada qalmaqda daha rahat olursunuz.
Bəs insan aydın görəndə, dərindən hiss edir, amma tərpənmirsə, həqiqəti dərk edir, amma ona boyun əymirsə, dəyişiklik istəyir, amma təslim olmağı gecikdirirsə, bəs onda nə etməli?
Səyahət ya dərinləşir, ya da dayanır.

Refleksasiya Sualları

- Nəyin səhv olduğunu açıq şəkildə bilirəm, amma dözməyə davam edirəm?
- Dəfələrlə inanc hiss etdiyim, amma heç bir real dəyişiklik etmədiyim harada olub?
- Nə ilə məşğul olacağımı demişəm, amma gecikmişəm?
- Harada şüuru itaətkarlıqla səhv salıram?
- Lazım olduğunu bilsəm də, nədən imtina etmək istəmirəm?

Dərin Əksolunma
Bunyanın mübarizəsi həqiqətin olmamasında deyildi. Məqsədi təslim olmadan həqiqətə sahib olması idi. Həyatınızda qeyri-müəyyən bir şey var. Daha çox izahata ehtiyacınız yoxdur. Daha çox anlayışa ehtiyacınız yoxdur. Artıq kifayət qədər bilirsiniz.
Sual bu deyil:
Mən bunu başa düşürəmmi?
Sual budur:
Niyə mən buna əməl etməmişəm?
Nəhayət yox.
Sonra yox.

Niyə indi yox?

Fəaliyyət Planı (Yalnız Bu Gün)

1. **"Bildiyiniz", amma dəyişmədiyiniz bir sahəni müəyyən edin**
   . Ümumi yox, konkret olun.
2. **Bu cümləni aydın şəkildə yazın:**
   "Mən bunu bilirdim, amma hərəkət etmədim, çünki..."
3. **Səbəb barədə dürüst olun.**
   Bəhanə yox, əsl səbəb (qorxu, rahatlıq, bağlılıq, nəzarət).
4. **O səbəblə otur.**
   Hələ düzəltmə. Sadəcə **gizlətmədən gör** .

Dua
Ya Rəbb,
indi görürəm ki, həqiqətdən məhrum deyiləm — cavabdan məhrum olmuşam.
Bilirdim, amma gecikdim
, gördüm, amma qaldım.

Aydın olanı gözləyə bilərmiş kimi qəbul etdiyim üçün məni bağışla.
İtaət etmədən şüurlu yaşadığım üçün məni bağışla.
Məni artıq nə bildiyimi və necə yaşadığımı bölüşmədiyim yerə gətir.
Mənə anlayışdan təslim olmağa keçmək üçün cəsarət ver.
Amin.

5-Cİ GÜN — Zamanın İllüziyası

"Bunu sonradan həll edəcəyəm"

“Düşünürdüm ki, bundan sonra kifayət qədər vaxtım olacaq...
və nəhayət ki, kifayət qədər yaxşı nəticə göstərəcəyəm.”
— *Con Banyan, “Grace Abounding”*

Bunyan bildiklərini dərhal rədd etmədi. O, bunu təxirə saldı.
Elə anlar olurdu ki, əminlik aydın idi, vəziyyətinin ağırlığı onu güclü şəkildə sıxırdı və hətta cavab vermək istəyi hiss edirdi.
Lakin bu istəklə yanaşı, hələ vaxtın olduğuna dair başqa bir fikir - sakit, ağlabatan və dərin inandırıcı - gəlirdi.
Daha sonra dəyişməyin vaxtıdır.
Nəhayət, cavab verməyin vaxtıdır. İşlərə daha ciddi yanaşmağın vaxtıdır... başqa bir anda.
Və bu fikir üsyan kimi hiss olunmurdu.
Bu, müdriklik kimi hiss olunurdu.
O, "yox" demirdi.
O, "hələ yox" deyirdi.
Və o kiçik gecikmədə əhəmiyyətli bir şey formalaşmağa başladı.
Çünki gecikmə inamı aradan qaldırmır - **ona münasibətinizi yenidən formalaşdırır** . Əvvəllər təcili hesab edilən şey könüllü görünməyə başlayır. Əvvəllər güclü şəkildə təzyiq göstərilən şey yumşalmağa başlayır. Əvvəllər cavab tələb olunan şey isə artıq cavab verilməyənə qədər gözləməyə başlayır...
Bunyan bu məkanda yaşayırdı — şüurlu, narahat və eyni zamanda sonda qarşılaşmalı olduğunu bildiyi şeyi daim təxirə salırdı. O, bir çoxları kimi, gələcəyin daha yaxşı bir an, daha aydın bir zaman, daha güclü bir hazırlıq verəcəyinə inanırdı.
Amma o an heç vaxt öz-özünə gəlmədi.
Əksinə, dəyişən həqiqət deyil, onun ona qarşı həssaslığı idi.
Bu nümunəni tanıya bilərsiniz.

Tamamilə həll etmək istədiyiniz şeylər var:

- dəyişdirməyi planlaşdırdığınız vərdişlər
- verməli olduğunuzu bildiyiniz qərarlar
- etməli olduğunuz söhbətlər
- tələb olunduğunu bildiyiniz addımlar

Amma bu gün yox.
Bu gün sabaha çevrilir.
Sabah "tezliklə" olur. Və "tezliklə" hələ heç nəyin dəyişdirilməsinə ehtiyac olmadığı sakit bir razılaşmaya çevrilir.
Bu, zamanın illüziyasıdır.
O zaman mövcud deyil, amma o zaman itaəti asanlaşdıracaq.
Bu olmayacaq.
Çünki indi aydın olan gecikmə ilə daha aydın olmayacaq.
Daha sakitləşəcək. Və sakitləşən şey çox vaxt həll olunmuş şeylə səhv salınır.
Amma həll olunmayıb.
Bu, təxirə salınıb.
Bəs insan qarşılaşmalı olduğunu bildiyi şeyi təxirə salmağa davam etdikdə, dəyişikliyə doğru irəlilədiyinə inanıb, amma olduğu yerdə qaldıqda, indikindən daha istəkli olduğunu sübut etməyən gələcək versiyasına güvəndikdə nə etməlidir?
Səyahət məhz burada yavaşlayır - həqiqət olmadığı üçün deyil, cavab təxirə salındığı üçün.

Refleksasiya Sualları

- Özümə "sonradan" nə ilə məşğul olacağımı deyirəm?
- Aydın olsa da, dəfələrlə nəyi gecikdirdim?
- Məsuliyyəti öz üzərimə götürmək əvəzinə, zamana harada etibar edirəm?
- Bu gün qarşılaşmaqdan daha asan nə var ki, təxirə salmaq?
- Gecikdirdiyim üçün təciliyi itirən nədir?

Dərin Əksolunma

Bunyan açıq şəkildə rədd edilməklə yolunu azmadı.
O, sakit bir gecikmə ilə vaxt itirdi.

Həyatınızda daha çox vaxt tələb etməyən bir şey var.
Bu, qərar tələb edir.
Özünüzə dürüstcə soruşun:
İndi deyilsə - nə vaxt?
Bəs indi cavab verməsəm, sonradan cavab verəcəyimə inanmağıma səbəb nədir?
Gecikmə zərərsiz hiss olunur.
Amma bu, itaətdən uzaqlaşmaqdır.

Fəaliyyət Planı (Yalnız Bu Gün)

1. **Təxirə saldığınız bir şeyi müəyyən edin.**
   Mürəkkəb deyil, aydın bir şey.
2. **Bu cümləni dürüst yazın:**
   "Bunu gecikdirirəm, çünki..."
3. **Əsl səbəbi adlandırın**
   . İzahı yox, həqiqəti (qorxu, rahatlıq, narahatlıq, qeyri-müəyyənlik) adlandırın.
4. **Bu gün kiçik bir addım atın.**
   Tam qətiyyət yox. Sadəcə **hərəkət** — gecikməni pozan bir şey.

Dua

Ya Rəbb,
görürəm ki, mənə göstərdiyin şeyi rədd etməmişəm — onu təxirə salmışam.
İtaətkarlıq əvəzinə zamana güvənmişəm.
İndi cavab verməməyi seçsəm də, sonradan cavab verəcəyimə inanmışam.
Aydın olanı gecikdirdiyim üçün bağışla.
Təciliyi istək kimi qəbul etdiyim üçün bağışla.
Gözlədiyim yerdə hərəkət etmək
və təxirə saldığım yerdə irəliləmək üçün mənə cəsarət ver.
Qoy bu gün digərləri kimi keçməsin.
Amin.

6-CI GÜN — Qorxu Şəxsiyyətə Çevriləndə

Ümumiyyətlə mühakimə deyil - ancaq sizin üçün məsuliyyət

"Ağlımda çox əzab çəkirdim... qorxurdum ki, bu günahım Müqəddəs Yazılarda qeyd olunan bağışlanmaz günah olsun."
— *Con Banyan, "Grace Abounding"*

Bunyanın səyahətində elə bir məqam gəldi ki, onun mübarizəsi artıq nəzəri olaraq qala bilməzdi. Bir vaxtlar ümumi mənada düşündüyü şey - günah, mühakimə, nəticə - birbaşa özünə tətbiq etməyə başladı.
Bu, bilikdə dəyişiklik deyildi.

mülkiyyətdə dəyişiklik idi .
Bundan əvvəl, doğru və yanlış haqqında geniş şəkildə düşünmək mümkün idi. Həqiqəti şəxsən qəbul etmədən tanımaq. Şeylərin sizin üçün nə demək olduğunu düşünmədən vacib olduğunu qəbul etmək.
Amma Bunyan artıq orada qala bilməzdi.
Oxuduqları, eşitdikləri, hiss etdikləri — bütün bunlar daxilinə yönəlməyə başladı. Müqəddəs Yazılar artıq ümumi şəkildə danışmırdı. Xüsusi olaraq danışırdı. Və danışdıqlarını asanlıqla rədd edə bilmirdi, çünki sanki bu, onun olduğu yerdə onunla qarşılaşırdı.
Qorxu da burada dəyişdi.
Artıq belə deyildi:
"Məhkəmə var"
Bu, belə oldu: *"Bu, mənim üçün nə deməkdir?"*
Və bu sual ağırlıq daşıyır.
Çünki həqiqət fərdiləşdikdən sonra məsafəni aradan qaldırır. Artıq kənardan müşahidə edə bilmirsən. Artıq bir vaxtlar mücərrəd hesab etdiyin şeylərin içinə daxil olursan.

Bunyan bunu dərindən hiss edirdi. O, qorxmağa başladı - qeyri-müəyyən şəkildə deyil, birbaşa öz həyatı, öz hərəkətləri, öz vəziyyəti ilə əlaqəli şəkildə. Artıq başqaları haqqında düşünə və ya ümumi anlayış daxilində gizlənə bilmirdi. Özünü nəzərə almalı idi.
Və çoxlarının tərəddüd etdiyi yer budur.
İndi sizin üçün nəyin doğru olduğunu soruşmaqdansa, nəyin doğru olduğu barədə danışmaq daha asandır . Razılaşmaq, açıq-aşkar qalmaqdan daha asandır.
Bu dəyişikliyin başladığını hiss edə bilərsiniz.
Harada:

- Bir vaxtlar eşitdiyiniz şeylər indi ümumiyyətlə yönəlmiş kimi hiss olunur
- həqiqət əvvəlkindən daha yaxın hiss olunur
- Özünüzü yayındırmaq və ya ümumiləşdirmək qabiliyyətiniz az olduğunu hiss edirsiniz
- nəsə xaricə yox, içəriyə doğru təzyiq göstərir

Bu, sizi iflic etmək üçün deyil. Bu,
sizi dürüst şəkildə mövqeləndirmək üçündür .
Amma burada gərginlik artır.
Çünki bir şey şəxsi hala gəldikdən sonra neytrallıq yox olur.
Artıq bir şeyin doğru olub-olmadığına qərar vermirsən.
Onunla nə edəcəyinə qərar verirsən.
Bəs insan uzaqdan düşündüyü şeylərin indi birbaşa qarşısında durduğunu görəndə nə etməlidir? Artıq özünü nəzərə almadan həqiqət haqqında danışa bilmədikdə? Bir vaxtlar ümumi olan şey indi fərdi reaksiya tələb etdikdə?
Səyahətin gerçəkləşdiyi yer budur.

Refleksasiya Sualları

- Həqiqət son zamanlar mənim üçün harada şəxsi hala gəlib?
- Artıq nəyə "ümumi" və ya uzaq bir şey kimi yanaşa bilmərəm?
- Mənə birbaşa nəyin ünvanlandığı hiss olunur?
- Mən hələ də harada şəxsi deyil, geniş düşünməyə çalışıram?

- Həqiqəti özümə tətbiq etməməklə nədən qaçıram?

Dərin Əksolunma

Bunyanın qorxusu təxəyyüldən deyil,
şəxsi dərkdən qaynaqlanırdı .
Arasında fərq var:
Həqiqətin mövcud olduğunu
və *onun sizə aid olduğunu bilmək*
Səni ikinci yerə aparırlar.
Özünüzə sual verin:
Bu, mənim üçün nə deməkdir — başqaları üçün yox?
Eşitdiklərimin hansı hissəsinə mən daxil olmuşam?
Bu, qınamaqla bağlı deyil.
Məsafəsiz aydınlıqla bağlıdır .

Fəaliyyət Planı (Yalnız Bu Gün)

1. **Artıq bildiyiniz bir həqiqəti götürün**
   (yeni deyil - tanış bir şey)
2. **Şəxsən yenidən yazın:**
   "Bu doğrudur..."
   əvəzinə yazın: *"Bu, mənim üçün doğrudur, çünki..."*
3. **Xüsusi olaraq tətbiq edin.**
   Ümumiyyətlə yox — şəxsən.
4. **Ağırlığı ilə oturun,**
   yumşaltmayın. Başqalarına yönəltməyin.

Dua

Tanrım,
mən ümumiyyətlə həqiqəti bilmişəm, amma həmişə onun şəxsən mənə çatmasına icazə verməmişəm.
Məndən nə tələb etdiyini soruşmadan nəyin doğru olduğu barədə danışdım .

Bu gün uzaqda dayanmayacağam,
mənə göstərilənlərdən yayınmayacağam.
Həqiqəti olduğu kimi qəbul etməyimə kömək et —
mücərrəd deyil, şəxsi.

Qarşılaşdığım yerdə dayanmaq
və üz döndərməmək üçün mənə cəsarət ver.
Amin.

7-Cİ GÜN — Yük Görünən Olur

Daşıdığınız Şey Artıq Sizdən Gizlədilə Bilməyəcək Zaman

"Gördüm ki, günahla doluyam... və bu, ürəyimi parçalayacaq."
— *Con Banyan, "Grace Abounding"*

Bunyanın səyahətində bir an gəldi ki, bir vaxtlar daxilən hiss edilən şey artıq sadəcə bir hiss deyildi — indi aydın görə biləcəyi bir şeyə çevrildi.
Gözləri ilə deyil, anlayışı ilə.
Əvvəllər narahatlıq olan şey tərifə çevrildi.
Narahatlıq olan şey etirafa çevrildi. Vərdiş və gecikmə təbəqələrinin altında gizlənən şey indi onun qarşısında danılmaz bir şey kimi dayanırdı.
Artıq ümumi sözlərlə danışmırdı.
Artıq nəyin səhv olduğunu düşünmürdü.
O bilirdi.
Və bu bilik rahatlıq gətirmədi,
ağırlıq gətirdi.
Çünki aydın görmək qeyri-müəyyən hiss etməkdən fərqlidir.
Bir şey qeyri-müəyyən olduqda, onu idarə etmək, təxirə salmaq və ya yumşaltmaq olar. Lakin o, görünən hala gəldikdə — forma və aydınlıq qazandıqda — artıq onu kiçik, müvəqqəti və ya əhəmiyyətsiz kimi göstərə bilməzsiniz.
Bunyan o nöqtəyə çatdı.
O, vəziyyətini — qismən deyil, seçmə şəkildə deyil, əksinə, onu azaltmağa imkan verməyəcək qədər aydın görürdü. Və bir dəfə gördükdən sonra əvvəllər yaşadığı yerə qayıda bilmirdi.
Bu, çoxlarının qaçındığı andır.
Həqiqətin əlçatan olmadığı üçün deyil,
aydınlığın baha başa gəldiyi üçün.
Ola bilsin ki, siz də həmin yerə yaxınlaşırsınız və ya artıq orada dayanırsınız.
Harada:

- Artıq nəyin səhv olduğunu təxmin etmirsən
- Artıq vəziyyətinizi ümumiləşdirmirsiniz
- Artıq rahatlıq üçün özünüzü başqaları ilə müqayisə etmirsiniz

Görürsən.
Aydındır ki. Şəxsən. Xüsusilə.
Və bu aydınlıqla birlikdə rədd edilə bilməyən bir yük gəlir.
Çünki yük göründükdən sonra
onunla mübarizə aparmaq sizin ixtiyarınızdadır .
Artıq məsafə yoxdur.
Artıq qeyri-müəyyənlik yoxdur. Artıq yalan danışmaq yoxdur.
Bəs onda daşıdığı şeylər artıq ondan gizli qalmadığı halda, insan nə etməlidir? O, nəyinsə səhv olduğunu deyil, həm də nəyin səhv olduğunu və onun özünə məxsus olduğunu görəndə?
Oyanış öz işini burada tamamlayır.
Emosiyalarla yox.
Amma aydınlıqla.

Refleksasiya Sualları

- İndi özümdə əvvəllər görə bilmədiyim və ya görmək istəmədiyim nəyi aydın görürəm?
- Həyatımda danılmaz hala gələn nədir?
- Artıq nəyi kiçildib izah edə və ya izah edə bilmərəm?
- Aydınlıq harada qarışıqlığı əvəz etdi?
- Əvvəllər nədən qaçdığım üçün indi nəyə görə məsuliyyət daşıyıram?

Dərin Əksolunma

Bunyan aydınlığa asanlıqla çatmadı.
Amma bir dəfə çatdıqdan sonra onu tərk edə bilməzdi.
Həyatınızda artıq anlaşılmaz olan bir şey var.
Artıq onu axtarmırsan.
Qarşısında dayanırsan.
Özünüzə sual verin:
İndi görüb görmədiyim nə var?
Hələ də artıq aydınlaşdırılanları azaltmağa çalışıram?

Aydınlıq səni boğmaq üçün deyil,
artıq olduğun yerdə qala bilməməyin üçün verilir.

Fəaliyyət Planı (Yalnız Bu Gün)

1. **Yükü aydın şəkildə adlandırın.**
   Ümumiyyətlə yox, konkret olaraq.
2. **Bu cümləni yazın:**
   "İndi aydın şəkildə gördüyüm şey..."
3. **Dili yumşaltmayın,**
   əslində olduğu qədər birbaşa olsun.
4. **Ucadan (təklikdə) oxuyun.**
   Eşidin - sadəcə düşünməyin.

Dua

Ya Rəbb,
Sən məni aydın görə biləcəyim bir yerə gətirdin.
Qismən yox.
Ümumiyyətlə yox. Amma şəxsən.
Və əvvəlki vəziyyətə qayıda bilmirəm.
Sənin aşkar etdiyin şeyləri azaltmamağıma kömək et.
Aydınlaşdırdığın şeyləri yumşaltmamağıma kömək et.
Ağır olsa belə, həqiqətin üzərində durmaq üçün mənə güc ver
.

Və məni bundan sonra baş verəcək hadisələrə hazırla.
Amin.

8-Cİ GÜN — Geri Qayıdışın Olmadığı Nöqtə

Artıq Özünü Təqlid Edə Bilməyəndə

"İndi bir boğaza sürükləndim... Ya günahlarımdan əl çəkməli, ya da ruhumu itirməliyəm."
— *Con Banyan, "Grace Abounding"*

Bunyanın səyahətində elə bir məqam gəldi ki, onun daşıdığı gərginlik artıq həll olunmamış qalırdı.
Bundan əvvəl hərəkət var idi, amma bu, daxili idi.
Şüur artmışdı. Əminlik dərinləşmişdi. Aydınlıq yaranmışdı.

Amma indi nəsə dəyişdi.
Bilməklə qərar vermək arasındakı boşluq daralmağa başladı.
Bunyan başa düşdü ki, qarşılaşdığı problem sonsuza qədər həll edilə bilməz. Zamanla solmayacaq, diqqəti yayındırmaqla yumşalmayacaq və cavab vermədən öz-özünə həll olunmayacaq.
O, elə bir nöqtəyə çatmışdı ki:

- gecikmə artıq neytral hiss olunmurdu
- qaçmaq artıq mümkün deyildi
- və artıq işə yaramadığını iddia etmək

boğaza — seçim imkanlarının artıq geniş olmadığı və nəzarət illüziyasının yox olmağa başladığı dar bir yerə — gətirilmək kimi təsvir etdi .
Burada xaricdən təzyiq tətbiq olunmur,
həqiqətin daxildən sona çatdığı yer budur.
Bu anı tanıya bilərsiniz.
Harada:

- İndi bildiklərinizi unuda bilməzsiniz
- qeyri-müəyyənliyin rahatlığına qayıda bilməzsən
- Şüurun sizi narahat etmədən əvvəlki kimi davam edə bilməzsiniz

Zahirən heç nə dəyişməmiş ola bilər,
amma daxilən hər şey dəyişib.
Və bu anı bu qədər əhəmiyyətli edən də budur.
Çünki bu nöqtəyə çatdıqdan sonra yenə də gecikə bilərsiniz - amma **məsumcasına gecikdirə bilməzsiniz. Yenə də müqavimət göstərə bilərsiniz - amma xəbərsizcə** müqavimət göstərə bilməzsiniz .
Nəsə birdən-birə dəyişib.
Bunyan bunu böyük bir səylə başa düşürdü. O görürdü ki, qarşısında duran şey üstünlük, uyğunlaşma, tədricən inkişaf deyil, istiqaməti müəyyən edəcək bir qərardır.
Mükəmməl deyil.
Amma dürüst desəm.
Bəs insan artıq sakit dayanmağın neytral olmadığını anladıqda nə etməlidir? Əvvəlki kimi davam etmək, indi gördüklərinə qarşı seçim etmək kimi hiss olunursa? Qarşıdakı yol tam aydın deyil, amma olduğu yerdə qalmaq mümkün deyilsə?
Bu, geri dönüşün olmaması nöqtəsidir.
İrəli getməyə məcbur edildiyin üçün deyil,
artıq özünü göstərməkdə azad olmadığın üçün.

Refleksasiya Sualları

- Şüurumda nə dönməz hala gəldi?
- Artıq harada "heç nə dəyişməyib" kimi davranmayım?
- İndi hərəkət etsəm də, etməsəm də, nəyə görə məsuliyyət daşıyıram?
- İndi gecikmə harada fasilə yox, qərar kimi hiss olunur?
- Mən hazırda nəyin üzərində dayanıram?

Dərin Əksolunma

Bunyanın dönüş nöqtəsi yüksək səslə deyildi.
Bu, **qəti idi** .
Sizdən hər şeyi anlamağınız tələb olunmur.
Sizdən aşağıdakıları tanımağınız tələb olunur:
Artıq əvvəlki yerində deyilsən.
Özünüzə sual verin:

Artıq nəyə qayıda bilmərəm — cəhd etsəm belə?
Qəbul edib-etməməyimdən asılı olmayaraq, içimdə artıq nə dəyişib?
Bu, təzyiqlə bağlı deyil. Söhbət
həyatınızın bir sahəsində həqiqətin qətiləşməsi ilə
bağlıdır .

Fəaliyyət Planı (Yalnız Bu Gün)

1. **Geri qayıda bilməyəcəyiniz bir sahəni müəyyənləşdirin**
   . Konkret olun.
2. **Bu cümləni yazın:**
   "Artıq bunu iddia edə bilmərəm..."
3. **Həll etmədən onunla oturun.**
   Düzəltməyə tələsməyin. Sadəcə tam etiraf edin.
4. **Bu gün kiçik bir yayınma formasını aradan qaldırın**
   (bu reallıqdan yayınmaq üçün istifadə etdiyiniz bir şey)

Dua
Ya Rəbb,
indi görürəm ki, artıq əvvəlki yerimdə deyiləm.
Bir vaxtlar görməzdən gəldiyimi indi anlayıram.
Bir vaxtlar gecikdirdiyimi indi təcili hiss edirəm.
Sənin aydınlaşdırdığın şeyləri iddia etməməyimə kömək et.
İndi doğru olmadığını bildiyim şeylərə qayıtmamağıma kömək et.
Mənə bu anda dürüstcəsinə dayanmaq üçün cəsarət ver - qaçmadan, inkar etmədən.
Və ürəyimi bundan sonra nə olacağına hazırla.
Amin.

MƏRHƏLƏ 2 — Ayrılıq (9–16-cı günlər)

Ayrılma, müqavimət, səslər, erkən itaət

9-CU GÜN — İlk Addım

İtaətkarlıq Başlayan Zaman — Qeyri-müəyyən, Qeyri-müəyyən, Amma Real

"Yuxuda gördüm ki, kişi qaçmağa başladı... arvadı və uşaqları bunu görüb geri qayıtmaq üçün onun ardınca ağlamağa başladılar; amma kişi barmaqlarını qulaqlarına qoyub qaçmağa davam etdi və qışqıraraq dedi: Həyat! Həyat! Əbədi həyat!"
— *Con Banyan, Zəvvarın Yürüşü*

Hər şeyi başa düşdüyüm üçün getmədim.
Artıq qala bilmədiyim üçün ayrıldım.
Bir vaxtlar mən də onların arasında oturub onlar danışdığı kimi danışa, onlar güldüyü kimi gülə, sanki heç nə məni sıxışdırmırmış kimi yaşaya bilirdim. Amma o zaman keçmişdi.
İçimdə bir şey dəyişmişdi və ətrafımdakı hər şey eyni görünsə də, mən artıq onun daxilində eyni deyildim.
Daşıdığım yük bir vaxtlar rahatlıq tapdığım yerdə dincəlməyə imkan vermirdi.
Və beləliklə, hərəkət etməyə başladım.
Qarşıdakı yolun aydınlığı ilə yox. Güc və ya özünəinamla yox.
Amma gecikməni təhlükəli hiss etdirən artan bir təcililiklə.
Bunu ətrafımdakılara tam izah edə bilmədim və onların başa düşəcəyini gözləmirdim. Necə başa düşə bildilər ki? Onlar nə mənim hiss etdiyimi hiss etdilər, nə də mənim görməyə başladığımı gördülər.
Və yenə də, mən hərəkət etməyə başlayanda onlar bunu fərq etdilər.
Onlar arxamca səsləndilər.
Bəziləri narahatlıqla. Bəziləri çaşqınlıqla. Bəziləri səbirsizliklə.
Məndən qayıtmağımı — gözləməyimi, yenidən düşünməyimi, yavaşlamağımı istədilər. Etdiyim şey onlara məntiqli görünmürdü. Bu, ağlabatan görünmürdü. Lazım da görünmürdü.

Və bir anlıq onları eşitdim.
Səsləri tanış idi. Onların varlığı məlum idi. Təmsil etdikləri hər şey bir vaxtlar mənim üçün kifayət etmişdi. Amma indi, hətta onlar zəng etsələr belə, geri qaytarıla bilməyən bir şeyin dəyişdiyini bilirdim.
Beləliklə, təbii hiss olunmayan bir şey etdim.
Arxamda gələn səslərə özümü qapalı saxladım.
Onlara xor baxdığım üçün yox,
geri qaytarılmağa gücüm çatmadığı üçün.
Və mən qaçdım.
Əmin olduğum üçün yox,
məcbur olduğum üçün.
Fəsahətlə deyil, təcililiklə ağlamaq:
Həyat. Həyat. Əbədi həyat.
İlk addım çox vaxt belə başlayır.
Təmiz deyil.
Yazılmamış. Tam başa düşülməmiş.
Amma real.
Ola bilsin ki, siz də eyni anda dayanırsınız.
Ətrafınızdakı hər şey sizdən qalmağınızı istəsə belə, içinizdə bir şeyin hərəkət etməyə başladığı yer. Düşündüyünüz addımın təsirli olmadığı yer - yöndəmsiz, açıq və hətta dağıdıcı hiss olunur.
Bunun hara aparacağını hələ də bilmirsiniz.
Amma bunu bilirsiniz:
Qalmaq artıq dürüst deyil.
Və bu başlamaq üçün kifayətdir.
Çünki ilk addım gəlmək deyil,
artıq içində qala bilməyəcəyinizi bildiyiniz yerdən
ayrılmaqdır .
Bəs onda insan nə etməlidir ki, tanıdığı yer artıq gördüyü ilə uyğun gəlmirsə? Arxasındakı səslər güclüdürsə, amma içindəki inam daha güclüdürsə? Hələ yolu tanımırsa, amma başlamalı olduğunu bilirsə?
O, hərəkət edir.
Mükəmməl deyil.
Amma doğrusu.

Refleksasiya Sualları

- Artıq əvvəlki kimi qala bilməyəcəyimi harada hiss edirəm?
- Özümü yöndəmsiz və ya səhv başa düşülən hiss etdiyim üçün hansı addımdan qaçıram?
- Məni yerində saxlayan kimin səsini hələ də dinləyirəm?
- İndi daha narahat hiss etdiyim nədir - irəliləmək, yoxsa olduğum yerdə qalmaq?
- Tam aydınlıq olmadan belə, başlamaq mənim üçün necə görünərdi?

Dərin Əksolunma

Bunyan qəti şəkildə başlamadı.
, rahatlıqdan üstün olan inamla başladı .
Sizdən hər şeyi izah etməyiniz xahiş olunmur.
Sizdən hazır olduğunuzu hiss etməyiniz tələb olunmur.
Sizdən soruşulur:
Hərəkət tələb edən nəyi artıq bilirsiniz?
Və daha dürüstcə:
İlk addımı atmağınıza nə mane olur?

Fəaliyyət Planı (Yalnız Bu Gün)

1. **Artıq təxirə saldığınız bir addımı müəyyənləşdirin.**
   Yeni bir şey yox, artıq bildiyiniz bir şey.
2. **Bunu dərhal edin.**
   Bu gün hərəkətə keçə biləcəyiniz bir şey.
3. **Səssizcə edin.**
   Heç bir elan vermədən. Heç bir əsaslandırma olmadan.
4. İtaətkarlığın rahatlıqla təsdiqlənmədiyini **necə hiss etdiyini qiymətləndirməyin .**

Dua

Tanrım,
qala bilməyəcəyimi bilsəm belə, rahat olduğum yerdə qaldım.
Bu gün hələ bilmədiyim aydınlığı gözləməyəcəyəm.
Artıq bildiklərimlə hərəkət edəcəyəm.
Mənə ilk addımı atmaq üçün cəsarət ver -
hətta qeyri-müəyyən hiss etsəm belə, hətta səhv başa düşülsə belə.
Başlamaq üçün kifayət qədər şey görmüşəmsə, geri dönməməyimə kömək et .

İrəliləmək üçün mənə güc ver —
mükəmməl şəkildə yox, amma dürüstcəsinə.
Amin.

10-CU GÜN — Arxanızdakı Səslər

Qaldırdığın Şey Səni Geri Çağırmağa Başlayanda

"Yuxuda gördüm ki, hamısı onun geri qayıtmaq üçün ardınca ağlamağa başladı; amma o, barmaqlarını qulaqlarına qoyub qaçdı..."

— *Con Banyan, Zəvvarın Yürüşü*

Hərəkət etməyə başlayanda arxamca sakitcə getmədim. Düşünürdüm ki, bəlkə də diqqətdən kənarda qalıb bu səyahətə maneəsiz başlaya bilərəm. Amma istiqamətim dəyişən kimi ətrafımdakı hər şey bunu hiss etdi.
Onlar arxamca səsləndilər.
Hamısı eyni səslə deyil,
amma hamısı eyni niyyətlə.
Bəziləri yavaşca zəng edib yenidən düşünməyimi istədilər. Ağıldan, səbrdən, daha münasib vaxta qədər gözləməkdən danışdılar. Mənə nəyi tərk edəcəyimi xatırlatdılar - tanış, təhlükəsiz, artıq məlum olan.
Başqaları isə təcili olaraq zəng edirdilər, sanki hələ də düzəldilə bilən bir səhv edirəm. Onlar məsuliyyətdən, gözləntilərdən, hərəkətlərimin necə qarşılanacağından danışırdılar. Həmişə kifayət olanı niyə tərk etdiyimi başa düşmürdülər.
Bəziləri isə heç narahatlıqla zəng etmədilər.
Onlar istehza etdilər.
Onlar başa düşə bilmədikləri şeylərə gülürdülər. Mənə ciddi görünən şeyləri lazımsız, şişirdilmiş, hətta axmaq bir şeyə çevirirdilər. Mənə inam kimi görünən şeyləri isə həddindən artıq reaksiya kimi yozurdular.
Və bir anlıq hamısını eşitdim.
Onların səsləri mənə yad deyildi. Onlar mənim birlikdə yaşadığım, razılaşdığım, etibar etdiyim səslər idi. Düşmən

deyildilər. Tanış idilər və müqavimət göstərməyi çətinləşdirən də elə bu idi.
Çünki səni geri çağıran şey nadir hallarda müxalifət kimi görünür.
Bu , **ağıl** ,
qayğı ,
normallıq kimi görünür .
Və yenə də, onları eşitsəm də, bilmədikləri bir şeyi bilirdim.
Nə daşıdığımı bilirdim.
Onlar kürəyimdəki yükü görə bilmirdilər.
Üzərimdəki ağırlığı hiss edə bilmirdilər. Artıq qalmağın nə üçün mümkün olmadığını başa düşə bilmirdilər.
Beləliklə, onlar durduqları yerdən danışdılar,
mən isə indi bildiklərimdən uzaqlaşdım.
Mübarizənin dərinləşdiyi yer budur.
Çünki arxanızdakı səslər həmişə səhv səslənmir.
Onlar **məntiqli səslənir** .
Onlar soruşurlar:

- *Niyə indi?*
- *Niyə bu ifrat?*
- *Niyə gözləmirsən?*
- *Niyə olduğun kimi qalmırsan?*

Və kifayət qədər uzun müddət qulaq assanız, onlar mənalı olmağa başlayacaq.
Buna görə də mən öz bildiyimi etdim.
Qulaqlarımı yumdum.
Onlara xor baxdığım üçün yox, qulaq
assam, dayana biləcəyimi bildiyim üçün.
Və əgər dayansaydım, geri qayıda bilərdim.
Və əgər qayıtsaydım, bilərək qayıdardım.
Beləliklə, qaçdım.
Qarşıdakı yolun qəti olduğuna görə yox,
geridə qoyduğum şeylərə əmin olduğum üçün.
Özünüzü burada tapa bilərsiniz.
Atdığınız addımın arxasında oyanmış
daxili və ya xarici səslər var idi və onlar indi sizi geri çağırır.
Onlar belə səslənə bilər:

- məntiq
- ehtiyat
- tarazlıq
- məsuliyyət

Amma onların altında başqa bir şey var:
Artıq gördüyünüz şeyə doğru çəkilmək artıq sizin üçün uyğun deyil.
Bu, həmişə yüksək səslə olmur.
Davamlıdır.
Və o, sizdən həqiqəti rədd etməyinizi istəmir.
O, sizdən **onu təxirə salmağı, yumşaltmağı və ya yenidən şərh etməyi xahiş edir** .
Bəs arxasınca gələn səslər tanış, inandırıcı və davamlı olduqda, kişi nə etməlidir? Qalan şeylər yenidən özünü əvvəlki kimi deyil, idarəolunan bir şey kimi göstərməyə başlayanda?
O, hansı səsi izləyəcəyinə qərar verməlidir.
Bir dəfə yox.
Amma dəfələrlə.
Çünki bu, tək bir an deyil.
Bu, davam edən bir gərginlikdir.
Əgər bunu erkən ayırd etməyi öyrənməsəniz,
fərqinə varmadan yoldan çıxmağa başlayacaqsınız.

Refleksasiya Sualları

- İrəliləməyə başladığımdan bəri hansı səslər daha ucadan səsləndi?
- Bu səslərdən hansı ağlabatan səslənir, amma məni geriyə aparır?
- Məni nəyi gecikdirməyə, yumşaltmağa və ya yenidən düşünməyə təşviq edirlər?
- Hara qayıtmaq istəyirəm — doğru olduğuna görə yox, tanış olduğuna görə?
- İndi hansı həqiqətlə bağlı danışıqlar aparmaq təhlükəsi ilə üzləşirəm?

Dərin Əksolunma

Bunyan səsləri susdurmadı, çünki hamısı səhv idi.

Onları susdurdu, çünki onlar **onu geri qaytaracaq qədər güclü idilər** .
Bunu tanımalısınız:
Ağlabatan səslənən hər səs həqiqətlə uyğun gəlmir.
Özünüzə sual verin:
Dinlədiyim və qətiyyətimi zəiflədən nədir?
Bağlamalı olduğum şeyə harada yer verirəm?
Bu, insanları rədd etmək deyil,
istiqaməti qorumaqla bağlıdır .

Fəaliyyət Planı (Yalnız Bu Gün)

1. **Sizə mənfi təsir göstərən bir səsi** (xarici və ya daxili) müəyyən edin
2. **Sizə nə etməli olduğunuzu deyin** . Dürüst olun.
3. **Bu gün ondan məsafə yaradın** (susdurun, məhdudlaşdırın, uzaqlaşın)
4. **Artıq bildiklərinizin doğru olduğunu təsdiqləyin** . Yazın. Təkrarlayın.

Dua

Ya Rəbb,
mən çoxlu səslər eşidirəm və hamısı məni irəli aparmır.
Bəziləri ağlabatan səslənir,
amma məni artıq tərk etdiyim yerə qaytarırlar.
Tanış və inandırıcı səslənsə belə , Səninlə uyğun olmayan şeyləri ayırd etmək üçün mənə dərrakə ver .

Qulaqlarımı yummalı olduğum yerdə mənə kömək et
və irəliləməyə davam etmək əzmimi gücləndir.
Artıq aydın gördüklərimə qayıtmayım.
Arxamda bir dartma hiss etsəm belə , məni istiqamətdə sabit saxla .

Amin.

11-Cİ GÜN — Yanlış Anlaşılmağın Bədəli

İtaətkarlıq Səni Gördüklərini Görməyənlərdən Ayıranda

"Bəziləri istehza edir, bəziləri hədələyir, bəziləri isə geri qayıtması üçün ardınca qışqırırdı..."
— *Con Banyan, Zəvvarın Yürüşü*

Hərəkət etməyə başlayanda düşünürdüm ki, mübarizə içimdə qalacaq.
Bunun başqalarının məni necə görəcəyinə təsir edəcəyini gözləmirdim.
Əvvəlcə onlar yalnız arxamca səsləyirdilər. Səsləri də eşidilirdi, amma olduqları yerdə qalırdılar. Amma davam etdikcə bir şey dəyişdi - onlarda yox, məni necə qəbul etmələrində.
Mən artıq sadəcə "onlardan biri" deyildim.
Mən başqa bir şeyə çevrilmişdim.
Bunu bəyan etdiyim üçün yox,
onların başa düşmədiyi bir istiqamət seçdiyim üçün.
Və beləliklə, onlar məni şərh etməyə başladılar.
Bəziləri həddindən artıq irəli getdiyimi,
bəziləri isə ifratçı olduğumu, bəziləri isə həddindən artıq reaksiya verdiyimi, hər şeyə həddindən artıq ciddi yanaşdığımı, tərk edilməli olmayan şeylərdən imtina etdiyimi dedi.
Digərləri isə heç nəyi başa düşməyə çalışmadılar.
Məni işdən çıxardılar.
Mənim daşıdığım şeyləri görə bilmirdilər,
bildiyim şeyləri hiss etmirdilər. Və buna görə də mənə məntiqli görünən şeylər onlara lazımsız görünürdü.

İtaətkarlıq burada özünü göstərir.
Təkcə sənə deyil,
başqalarına da.
Başqaları sizin inancınızı izləyə bilmədikdə, davranışınızı özlərinə məntiqli olan şəkildə izah edəcəklər.
Həmişə qəsdən yox.
Amma demək olar ki, həmişə səhv.
Bunu hiss etməyə başladım.
Məsafə artıq sadəcə fiziki deyildi - münasibətlərə çevrildi.
Söhbətlər dəyişdi. Cavablar dəyişdi. Əvvəllər paylaşılan hiss olunan şey indi bölünmüş kimi hiss olunurdu.
Və burada çəki artır.
Çünki tanış olanı tərk etmək bir şeydir, amma
onun tərəfindən səhv başa düşülmək başqa şeydir .
Özünüzü burada tapa bilərsiniz.
Harada:

- qərarlarınız sorğulanır
- istiqamətiniz şərh olunur
- itaətkarlığınız etiketlidir

Zəif izah etdiyiniz üçün deyil,
cavab verdiyiniz şey başqaları üçün görünmədiyi üçün.
Çoxlarının geri döndüyü yer budur.
Ona görə yox ki, onlar inamlarını itiriblər,
amma davam etməyin bahasına başa gəldiyini hiss edirlər.
Anlaşılmaq istəyi güclüdür.
Bağlı qalmaq, qəbul etmək və təsdiqləmək istəyi hərəkət etməyə başladığınız zaman yox olmur. Əslində, bu, çox vaxt daha da güclənir, çünki etdiyiniz şey sizi bir vaxtlar təsdiqlədiyiniz şeydən ayırmağa başlayır.
Və beləliklə sual yaranır:
Anlanılmaq itaətkar olmaqdan daha vacibdirmi?
Bu, asan sual deyil.
Çünki itaətkarlıq sizi gözləmədiyiniz şəkildə təcrid edə bilər.
Tamamilə yox.
Amma hiss olunacaq qədər.
Bəs irəliləmək səhv görülmək demək olduğu halda,
ətrafındakılar onun inancını bölüşmədikləri üçün onun

mülahizələrini izləyə bilmədikdə , itaətkarlıq ona yalnız rahatlıq deyil, həm də anlayış baxımından başa gəlməyə başlayanda insan nə etməlidir?
O, davam edir.
Asan olduğu üçün yox,
geri dönmək üçün onsuz da bildiklərini inkar etməsi lazım gələcəyi üçün.

Refleksasiya Sualları

- Qərarlarım üzündən harada səhv başa düşüldüyümü hiss etməyə başladım?
- İtaətkarlığımın hansı hissəsini başqalarına izah etmək çətindir?
- Təsdiqi bərpa etmək üçün istiqamətimi harada dəyişdirməyə meylliyəm?
- İndi daha vacib olan nədir - başa düşülmək, yoxsa həmfikir olmaq?
- Onların hələ görə bilmədiklərini kim təsdiqləyəcək?

Dərin Əksolunma
Bunyan başa düşüləcəyini gözləmirdi.
, **bildikləri ilə hərəkət** edəcəyini gözləyirdi .
Bunu tanımalısınız:
Sən gördüyün şeyi hər kəs görməyəcək.
Əgər itaət etməzdən əvvəl onların anlayışına ehtiyacınız varsa, olduğunuz yerdə qalacaqsınız.
Özünüzə sual verin:
Davam etməzdən əvvəl təsdiqləməni harada gözləməliyəm?
Başqalarının mənim göstərişlərimdən rahat hiss etmələri üçün nəyi tənzimləyirəm?
Bu, insanları rədd etmək deyil. Söhbət
həqiqəti qəbul etməklə dəyişdirməkdən imtina etməkdən gedir .

Fəaliyyət Planı (Yalnız Bu Gün)

1. **Harada səhv başa düşüldüyünüzü müəyyən edin** . Konkret olun.

2. **Tam izah etmək ehtiyacından azad olun.**
   Hər kəsin başa düşməsinə ehtiyac yoxdur.
3. **Təsdiq axtarmadan itaətkarlıqla bir addım atın**
   . Sakitcə. Qəsdən.
4. **Rahatlıq üçün uyğunlaşmaq istəyinə qarşı durun**
   . Düz durun.

Dua

Tanrım,
səhv başa düşülməyin ağırlığını hiss edirəm.
Mənim gördüyümü başqaları görmür,
mənim reaksiya verdiyimi isə başqaları hiss etmir.
İtaəti qəbulla dəyişməməyimə kömək et.
Aydınlaşdırdığın şeyləri başa düşülməsi üçün düzəltməməyimə kömək et.
Etdiyim işdə özümü tək hiss etsəm belə , davam etmək üçün mənə güc ver .

Qoy istiqamətim təsdiqlə deyil, həqiqətlə formalaşsın
.
Və məni sakit saxla,
hətta başa düşməyimə başa gəlsə belə.
Amin.

12-Cİ GÜN — Qismən itaətkarlıq hələ də gecikmədir

Hərəkət edərkən - Amma bir şeyi geridə saxlayın

"Düşündüm ki, bəzi günahları saxlaya bilərəm... amma yenə də bu yolla cənnətə gedə bilərəm."
— *Con Banyan, "Grace Abounding"*

İlk dəfə köçməyə başlayanda hər şeyi geridə qoymalı olacağımı ağlıma belə gətirmirdim.
Başlamaq üçün kifayət edəcəyini düşündüm.
Müəyyən şeyləri tənzimləmək.
Ən çox görünən şeyi dəyişdirmək. Açıq-aydın səhv olanı tərk etmək.
Amma hamısı deyil.
Hələ də yanımda gəzdirmək istədiyim şeylər var idi - sakitcə, ehtiyatla, diqqəti cəlb etmədən. Özümə dediyim şeylər o qədər də ciddi, o qədər də təcili və dərhal həll edilməli deyildi.
Özümü inandırdım ki, irəliləməyə və sonradan onlara müraciət edə bilərəm.
Bu yolu gedə bilsəm də... yenə də nəyisə gizlədə bilərdim.
Və bir müddət bu, ağlabatan görünürdü.
Axı mən artıq hərəkət etməyə başlamışdım. Artıq olduğum yerdə deyildim. Artıq hər şeyi görməzdən gəlmirdim.
İrəliləyirdim.
Amma içimdə nəsə sakitləşmirdi.
Çünki köçəndə belə, bəzi hissələrimin məni izləmədiyini bilirdim.
Bu, gizli təhlükədir.
Dayanmır.
Geri dönmür.
Amma **özünü bölmək** .

Bir hissənin irəlilədiyi,
digərinin isə geridə qaldığı yer.
Bunyan bu gərginliyi dərindən hiss edirdi.
sakitcə danışıqlar aparmağa çalışan biri kimi yazır
.
Bir şeyi saxlamaq üçün.
Bir şeyi təxirə salmaq.
Bir şeyi buraxmaq əvəzinə, onu idarə etmək.
Və burada səyahət çətinləşir.
Çünki qismən itaətkarlıq irəliləyiş kimi görünə bilər.
Bu, böyümə kimi hiss oluna bilər.
Hətta sizi kifayət qədər iş gördüyünüzə inandıra bilər.
Amma bunun altında başqa bir şey var:
yarımçıq təslim
Bunu tanıya bilərsiniz.
Harada:

- addımlar atmısan, amma ən vacib bildiyin addımı atmamısan
- aşkar olanı saxlamısınız, amma gizli olanı saxlamısınız
- davranışınızı düzəltmisiniz, amma tam təslim olmamısınız

Və hərəkət etdiyiniz üçün hər şeyin uyğun olduğuna inanmaq asandır.
Amma belə deyil.
Çünki itaətkarlıq nə qədər dəyişdiyinizlə deyil,
nəyi **buraxmaqdan imtina etdiyinizlə ölçülür** .
Bəs insan hərəkət etdiyini, amma tam hərəkət etmədiyini anladıqda, saxladığı şeylərin sakitcə həyatının istiqamətini formalaşdırdığını görəndə, saxlanmamış şeylərin neytral deyil, aktiv olduğunu biləndə nə etməlidir?
O, bununla üzləşməlidir.
Tədricən yox.
Sonda yox.
Amma dürüst desəm.

Refleksasiya Sualları

- İrəliləməyə çalışarkən hələ də nəyə yapışıram?

- Özümü harada inandırdım ki, "bu gözləyə bilər"?
- Xaricdən nəyi düzəltdim, amma daxildən nəyi təslim etmədim?
- Həyatımın hansı hissəsi hələ də bölünüb?
- Nəyi buraxmalı olduğumu bilirəm, amma hələ ki, bilmirəm?

Dərin Əksolunma

Bunyan hərəkət etməkdən imtina etdiyi üçün çətinlik çəkmədi.
Tam təslim olmadan hərəkət etməyə çalışdığı üçün çətinlik çəkirdi .
Bunu tanımalısınız:
Qismən itaət zərərsiz deyil.
Bu, nəticədə qarşılaşmalı olduğunuz şeyi gecikdirir.
Özünüzə sual verin:
Özümlə apara bilməyən nəyi daşımağa çalışıram?
Artıq uyğunsuz olduğunu bildiyim üçün nəyi əsaslandırdım?
Bu, mükəmməllik haqqında deyil. Bu,
bölünməmiş istiqamət haqqındadır .

Fəaliyyət Planı (Yalnız Bu Gün)

1. **Hələ də möhkəm saxladığınız bir şeyi müəyyən edin**
   . Dəqiq olun. Ümumiləşdirmələr etməyin.
2. **Niyə yayımlamadığınızı adlandırın**
   (qorxu, bağlılıq, rahatlıq, vərdiş)
3. **Bu gün onu buraxmaq üçün qətiyyətli bir addım atın.**
   Simvolik deyil, real.
4. **Bu gün bir daha onunla danışıqlar aparma**
   . Döngəni bağla.

Dua

Tanrım,
mən hərəkət etməyə başlamışam, amma indi görürəm ki, tam təslim olmamışam.

onları irəli apara biləcəyimi düşünürdüm , onları saxlamışam .

Amma bilirəm ki, indi onlar bu yola aid deyillər.
Mənə yapışdığım şeyləri buraxmaq üçün cəsarət ver.
Həqiqətlə rahatlıq arasında bölünməməyimə kömək et.
Qoy itaətim
qismən yox, bütöv olsun.
təslim olmalı olduğum şeyləri geridə qoymadan irəli getmək
üçün mənə güc ver .

Amin.

13-cü GÜN — Dar Qapı İzdihamlı Deyil

Seçdiyinizi Az Adamın Seçdiyini Anladığınız Zaman

"Sonra Müjdəçi dedi: 'O işığı gözündə saxla və düz ora qalx... beləliklə, darvazanı görəcəksən'".
— *Con Banyan, Zəvvarın Səyahəti*

İlk dəfə yola düşəndə düşündüm ki, bəlkə başqaları da məni izləyəcək.
Bu, ağlabatan görünürdü. Əgər gördüklərim doğru olsaydı, yanımda gəzdirdiklərim gerçək olsaydı, şübhəsiz ki, başqaları da bunu tanıyardı. Əlbəttə ki, başqaları da eyni təcililiyi, eyni hərəkət ehtiyacını, eyni qalmaq istəməməsini hiss edərdilər.
Amma davam etdikcə gözləmədiyim bir şeyin fərqinə varmağa başladım.
Getdiyim yol izdihamlı deyildi.
Eşidənlər çox idi.
Müşahidə edənlər çox idi. Hətta razılaşanlar da çox idi.
Amma köçənlər çox azdır.
Uzaqda dayanan insanları gördüm — maraqlı, düşüncəli, hətta həyəcanlı — amma çıxmaq üçün kifayət deyildi. İrəli addımlamaq üçün kifayət deyildi. Bunyanın " **Wicket Gate" adlandırdığı yerdən** — təsadüfi və ya kollektiv şəkildə daxil olmaq mümkün olmayan, yalnız şəxsən daxil olmaq mümkün olan dar girişdən — keçmək üçün kifayət deyildi.
Və bu, içimdə kök salmağa başladı.
Bu səfər konsensusla edilə biləcək bir şey deyildi.
Səs çoxluğu ilə qərar verilə bilməzdi. Neçə nəfərin razılaşdığı ilə təsdiqlənə bilməzdi.
Seçilməli idi.

Fərdi olaraq.
Qəsdən. Başqalarının mənimlə gələcəyinə dair zəmanət olmadan.
Burada bir şey yenidən dəyişir.
Çünki başqalarının sizi izləyəcəyinə inandığınız müddətcə, yenə də bir növ rahatlıq var. Etdiyiniz işdə tək olmadığınız hissi. İstiqamətinizin sonda paylaşılacağı hissi.
Amma az adamın bu yolu seçdiyini anladığınız zaman başqa bir şey tələb olunur:
möhkəmləndirmə olmadan məhkumluq
Bunu görməyə başlaya bilərsiniz.
Harada:

- Çoxları başa düşür, amma əməl etmir
- çoxları razıdır, amma tərpənmir
- çoxları heyran olur, amma girmir

Və sual daha fərdi hala gəlir:
Başqaları etməsə belə, mən davam edəcəyəmmi?
Bu, təcridlə bağlı deyil.
Bu, **fərdi məsuliyyətlə bağlıdır** .
Çünki dar qapı seçimlərə uyğunlaşmaq üçün genişlənmir. O, olduğu kimi qalır - dəqiq, müəyyən edilmiş və bir nəfərdən daxil olan.
Bunu Bünyan başa düşdü.
O, darvazadan içəri basan izdihamı təsvir etmədi,
o, darvazaya doğru yönəlmiş bir kişini təsvir etdi.
Tək.
Tərk edilməmiş.
Amma **şəxsən məsuliyyət daşıyır** .
Bəs qarşıdakı yolun geniş şəkildə seçilmədiyini görən insan nə etməlidir? Razılığın hərəkətə, heyranlığın isə itaətə bərabər olmadığını anlayanda?
, hətta yoldaşlıq etmədən belə, həqiqəti izləməyə dəyər olub-olmadığına qərar verməlidir .

Refleksasiya Sualları

- Başqalarının mənimlə köçəcəyini harada təsəvvür etmişəm — amma onlar köçməyiblər?
- Başqalarının qəbul etdiyi, lakin əməl etmədiyi hansı həqiqəti görürəm?
- Tamamilə öhdəlik götürməzdən əvvəl başqalarını gözləyirəmmi?
- İtaətkarlıqdan deyil, razılıqdan haradan təsəlli tapıram?
- Bu hissəni tək getməli olduğumu bilsəydim, fərqli nə edərdim?

Dərin Əksolunma

Bunyanın yolu rəqəmlərlə təsdiqlənmədi.
İstiqamətlə müəyyən edilmişdi .
Bunu tanımalısınız:
Razılaşma itaətkarlıqla eyni deyil.
Anlama hərəkətlə eyni deyil.
Özünüzə sual verin:
Davam etməzdən əvvəl başqalarından təsdiq gözləyirəmmi?
Başqa heç kim seçməsəydi, mən yenə də bunu seçərdimmi?
Məhz burada səyahət dərindən şəxsiləşir.

Fəaliyyət Planı (Yalnız Bu Gün)

1. **Başqalarını gözlədiyiniz bir sahəni müəyyən edin** . Dürüst olun.
2. **Qərarınızı onların cavabından ayırın.** Aydın şəkildə yazın: *"Qəbul etsələr də, etməsələr də, mən…"*
3. məsləhətləşmədən, təsdiqləmədən **müstəqil şəkildə bir addım atın .**
4. **Müqayisəyə müqavimət göstərin** . İstiqamətinizə diqqət yetirin.

Dua

Tanrım,
indi görürəm ki, bu yolu çoxları seçməyib.
Və başqalarının tərəddüd etdiyi yerdə gəzməyin ağırlığını hiss edirəm.
Məni itaətə çağırarkən razılığa etibar etməməyimə kömək et .

Geniş şəkildə seçilməsə belə , doğru olanı seçmək üçün mənə güc ver .

Özümü istiqamətdə tək hiss etdiyim zaman məni sabit saxla
və həqiqətdə tək olmadığımı xatırlat.
İcazə verin, irəli gedim,
çünki bu, adi hal olduğuna görə deyil, düzgündür.
Amin.

14-cü GÜN — Təhlükəsiz hiss etdiyiniz şeylərdən imtina etmək

Təhlükəsizlik Həqiqətlə Ziddiyyət Yaradanda

"Sonra kişi dedi: "Nə edim?" Və Müjdəçi ona dedi: "Gələcək qəzəbdən qaç"."
— *Con Banyan, Zəvvarın Səyahəti*

Köçməyə başlayanda ən çətin hissənin insanları tərk etmək olacağını düşünürdüm.
Mən səhv etmişdim.
Ən çətin hissəsi özümü təhlükəsiz hiss etməyimə səbəb olan şeyləri tərk etmək idi.
Həyatımda heç vaxt maneə kimi hiss olunmayan şeylər var idi.
Onlar səs-küylü deyildi. Açıq-aydın səhv deyildilər. Sadəcə... sabit idilər. Tanış idilər. Etibarlı idilər. Günlərimə quruluş və seçimlərimə nəzarət hissi verirdilər.
Onlar həyatı idarəolunan hiss etdirdilər.
Və buna görə də mən onlara sual vermədim.
Amma davam etdikcə narahatedici bir şeyin fərqinə varmağa başladım.
Özümü təhlükəsiz hiss etməyimə səbəb olan bəzi şeylər, eyni zamanda, səssizcə tam irəliləməyimə mane olan şeylər idi.
Onlar mənə birbaşa qarşı çıxmadılar,
ucadan zəng etmədilər.
, olduğum yerdə qalmağımı asanlaşdırdılar .
Mübarizənin yenidən dəyişdiyi yer budur.
Çünki açıq-aydın səhv olanı tərk etmək bir şeydir,
doğru hiss olunan, lakin uyğun olmayan şeyi buraxmaq isə başqa şeydir .
Bunyan bu gərginliyi başa düşürdü.
Kristian təkcə Məhv Şəhərini tərk etməyə deyil, həm də hələ tam görə bilmədiyi bir şeyə doğru irəliləməyə çağırılmışdı. Və bunu edərkən, bir vaxtlar onun sabitlik hissini müəyyən edən şeyə olan nəzarətini zəiflətməli idi.

Çünki o şeylər həmişə pis idi,
ona görə yox ki, onlar onunla birlikdə gedə bilməzdilər.
İndi bununla qarşılaşa bilərsiniz.
Harada:

- Həyatınızda bir şey təhlükəsiz hiss olunur - amma artıq düzgün deyil
- bir şey sabit hiss olunur - amma artıq uyğunlaşmır
- nəsə zəruri hiss olunur, amma səni sakitcə yerində saxlayır

Və burada tərəddüd böyüyür.
Çünki qorxu burada forma dəyişir.
Bu artıq mühakimə qorxusu deyil. Bu,
sizi dəstəkləyən şeyləri itirmək qorxusuna çevrilir .
Soruşmağa başlayırsan:

- *Bunu buraxsam nə olacaq?*
- *Bunun yerini nə tuta bilər?*
- *Onsuz da işləyə bilərəmmi?*

Və bütün bunların altında bir sual var:
Hələ görə bilmədiyim şeylərə sahib olduqlarımdan daha çox etibar edə bilərəmmi?
Bu, asan bir mübadilə deyil.
Çünki buraxdığınız şey görünür,
doğru irəlilədiyiniz şey isə görünmür.
Və yenə də, Bunyan bunu könüllü olaraq təqdim etmir.
O, demir:
"Nəyi rahat hesab etdiyinizi tənzimləyin."
O deyir:
"Uç."
Təcili hərəkət edin.
Aydınlıqla hərəkət edin. Sizi izləyə bilməyənlərlə danışıqlar aparmadan hərəkət edin.
Bəs onda insan özünü təhlükəsiz hiss etdiyi şeylər artıq gedəcəyi yerə uyğun gəlmədikdə nə etməlidir? Bir vaxtlar onu dəstəkləyən şeylər indi sakitcə onu məhdudlaşdırdıqda? Azad etmək itki kimi hiss olunur, amma saxlamaq gecikmə kimi hiss olunur?
O, seçim etməlidir.

Yaxşı ilə pis arasında deyil,
təhlükəsiz ilə doğru arasında .

Refleksasiya Sualları

- Həyatımda nə təhlükəsiz hiss olunur - amma artıq uyğunlaşmaya bilər?
- Mənə istiqamət yox, sabitlik verdiyi üçün nəyə yapışıram?
- Hərəkətdənsə rahatlığı harada seçirəm?
- Bunu buraxsam nə baş verəcəyindən qorxuram?
- Gördüklərimə, yoxsa məni yönəldən şeylərə inanıram?

Dərin Əksolunma

Bunyan yalnız səhv olanı tərk etmədi.
İrəli apara bilmədiyi şeyləri qoyub getdi.
Bunu tanımalısınız:
Açıqlamalı olduğunuz hər şeyin zərərli olduğu açıq-aydın deyil.
Bəzi şeylər **artıq getdiyiniz yerə uyğun gəlmir** .
Özünüzə sual verin:
Zəruri hiss etdiyim, amma məni sakitcə məhdudlaşdıran nədir?
Növbəti addımı görmədiyim üçün nəyi buraxmaqdan qorxuram?
Etibarın formalaşmağa başladığı yer budur.

Fəaliyyət Planı (Yalnız Bu Gün)

1. **Saxladığınız bir "təhlükəsiz" şeyi müəyyən edin** (rutin, düşüncə tərzi, asılılıq, struktur)
2. **Dürüstcəsinə soruşun: bu, hərəkət etməyimə kömək edir, yoxsa məni sabit saxlayır?**
3. **Bu gün özünüzü boşaltmaq üçün bir addım atın.** Simvolik deyil, praktik.
4. **Onu dərhal yerinə qoymayın.** Geridə qoyduğu yerdə oturun.

Dua

Tanrım,
mən təhlükəsiz hiss etdiyim şeylərə yapışmışam, hətta uyğun gəlmədiyini hiss etsəm belə.
Məni dəstəkləyən şeyləri itirməkdən qorxuram,
xüsusən də onu əvəz edən şeyləri hələ görə bilmədiyim zaman.
sadəcə sabit hiss etdiyim üçün olduğum yerdə qalmaq istəmirəm .

Mənə etməli olduğum şeyləri buraxmaq üçün cəsarət
və hələ tam görə bilmədiyim şeylərə doğru irəliləmək üçün inam ver.
Sadəcə təhlükəsiz olandan daha doğru olanı seçməyimə kömək et .

Və məni irəli apar,
hətta buraxmaq lazım olsa belə.
Amin.

15-Cİ GÜN — Köhnə Həyat Səni Geri Çağıranda

Tərk etdiyini Düşündüyün Tanışlıq Cazibəsi

"Günahlarımdan çıxmaq istəmirdim... amma sakit qala bilmirdim."
— *Con Banyan, "Grace Abounding"*

Ayrılmağa başlayanda düşündüm ki, məsafə bunu asanlaşdıracaq.
Düşünürdüm ki, bir addım uzaqlaşdıqdan sonra geridə qoyduğum şeylər məni təsir altına alacaq. Aydın şəkildə gördüklərim aydın qalacaq. Açıqladığım şeylər isə açıq qalacaq.
Amma tezliklə gözləmədiyim bir şeyi kəşf etdim.
Geridə qoyduqlarım...
məni tərk etməmişdi.
O, həmişə formada deyil, yaddaşda qayıtdı.
Həmişə hərəkətdə deyil, istəkdə.
Elə anlar olurdu ki, bir vaxtlar yaşadığım şeylər yenidən tanış gəlirdi — təhlükəli deyil, dağıdıcı deyil, amma rahat. Onu bir vaxtlar məni oradan uzaqlaşdıran ağırlıq olmadan xatırlayırdım. Daha yumşaq tonda xatırlamağa başladım.
Mübarizənin dərinləşdiyi yer budur.
Çünki köhnə həyat həmişə əvvəlki kimi qayıtmır.
Onu xatırladıqca geri qayıdır.
Və yaddaş təcililiyi aradan qaldırmağın bir yoluna malikdir.
Bir vaxtlar ağır hiss etdiyiniz şey idarəolunan görünməyə başlaya bilər.
Bir vaxtlar səhv hiss etdiyiniz şey uzaqlaşmış kimi görünməyə başlaya bilər. Bir vaxtlar sizi irəli aparan şey öz intensivliyini itirməyə başlaya bilər.
Bunyan bu gərginliyi kəskin şəkildə hiss etdi.

O, tamamilə qaçmış biri kimi deyil,
zahirən irəliləyərkən belə, **daxilən geri çəkildiyini** hiss edən biri kimi danışırdı.
Elə anlar olurdu ki, həddindən artıq irəli getdiyini düşünürdü. Geridə qoyduğu şeylər əvvəlkindən daha az ciddi görünməyə başlayırdı. Geri qayıtdığı anlar üsyan kimi deyil, rahatlıq kimi hiss olunurdu.
Və təhlükə budur.
Açıq rədd yox.
Amma sakitcə yenidən düşünmək.
Bunu indi hiss edə bilərsiniz.
Harada:

- qoyub getdiyin şey artıq o qədər də təcili hiss olunmur
- buraxdığınız şey yenidən ağlabatan hiss olunmağa başlayır
- uzaqlaşdığınız şey səslənməyə başlayır - ucadan yox, amma yavaş-yavaş

Əmr kimi yox.
Amma dəvət kimi.
"Qayıda bilərsən... sadəcə bir az."
"Bu qədər ciddi olmaq məcburiyyətində deyilsən."
"Hər ikisini tarazlaşdıra bilərsiniz."
Əgər ehtiyatlı deyilsinizsə, eyni anda hər iki istiqaməti daşıya biləcəyinizə inanmağa başlayırsınız.
Amma bacarmazsan.
Çünki qoyub getdiyin şey neytral deyildi.
Bu, səni çağırdıqlarının bir hissəsi idi.
Bəs onda insan qalan şeyləri yenidən cəlbedici hiss etməyə başlayanda nə etməlidir? Yaddaş yumşaldıqda, bir dəfə aydınlaşdırılan həqiqət? Qayıtmaq uğursuzluq kimi deyil, rahatlıq kimi hiss edildikdə?
həqiqətlə xatırlamalıdır .

nə **olduğunu** xatırlamalıdır

.

Refleksasiya Sualları

- Keçmişimdən nə yenidən cəlbedici hiss etməyə başladı?
- Tam həqiqəti bilmədən harada seçici şəkildə xatırlayıram?
- Artıq tərk etdiyim nəyi yenidən nəzərdən keçirməyə başladım?
- Geri qayıtmaqda irəliləməyə davam etməkdən daha asan nə hiss olunur?
- Bir yerdə ola bilməyəcəyimi bildiyim şeyləri harada "tarazlaşdırmağa" meylliyəm?

Dərin Əksolunma

Bunyan yalnız qarşısındakılarla mübarizə aparmırdı. Arxasındakılarla döyüşürdü **, amma yenə də əlçatan idi** .
Bunu tanımalısınız:
Keçmiş həqiqət kimi qayıtmır.
Rahatlıqla formalaşan xatirə kimi qayıdır .
Özünüzə sual verin:
Aydın şəkildə, yoxsa seçmə şəkildə xatırlayıram?
Bir dəfə gördüyüm şey məni getməyə vadar etdi?
Həqiqətin artıq aşkar etdiyini yaddaşın yenidən yazmasına imkan verməyin.

Fəaliyyət Planı (Yalnız Bu Gün)

1. Dürüst olun **, sizi geri çəkən bir şeyi müəyyən edin .**

2. **Necə xatırladığınızı deyil, əslində nə olduğunu yazın**
   . Aydın adlandırın.
3. **Özünüzə niyə bunu tərk etdiyinizi xatırlayın.** Emosional olaraq deyil, faktiki olaraq.
4. **Yenidən məsafə yaradın —**
   ayrılığınızı qəsdən gücləndirin.

Dua

Ya Rəbb,
geridə qoyduqlarımın cazibəsini hiss edirəm.
Bir vaxtlar məni uzaqlaşdıran şey
indi yenidən tanış hiss etməyə başlayır.
Yaddaşın məni aldatmamasına kömək et.
Seçmə şəkildə yox, aydın şəkildə xatırlamağıma kömək et.
Qayıtmaq istəyi hiss etdiyim zaman möhkəm durmaq üçün
mənə güc ver .

Qoy məni çağırdığın şeyləri yenidən qurmayım.
Ürəyimi sabit,
istiqamətimi aydın saxla.
Amin.

16-CI GÜN — Daxildə Xətti Keçmək

Qərar sizin daxilinizdə həll edildikdə

"Sonra yuxumda gördüm ki, o, qapıdan keçənə qədər belə davam etdi... və orada qapını döydü."
— *Con Banyan, Zəvvarın Yürüşü*

Elə bir an gəldi ki, mübarizəm artıq qayıdıb-qayıtmamağımla bağlı deyildi.
Bu, həqiqətən ayrılıb-getməməyimlə bağlı idi.
Bu vaxta qədər tərpənmişdim. Cavab vermişdim. Məni geri çağıran şeylərə müqavimət göstərmişdim. Amma içimdə hələ də narahat bir şey var idi - sakit bir tərəddüd, hələ tam qərar vermədiyim bir yer.
Zahirən ayrılmışdım,
amma daxilən hələ də danışıqlar aparırdım.
Hələ də həll etmədiyim suallar var idi. Hələ də qayıda biləcəyimi düşündüyüm sahələr var idi - tam yox, qismən.
İşlər çox çətinləşərsə, istiqamətimi dəyişə biləcəyim fikrinə qarşı incə bir açıqlıq.
Və burada mən vacib bir şeyi anladım.
Səyahət yalnız hərəkətlə təmin olunmur. O,
qərarla təmin olunur .
Tez danışılan növ deyildi,
amma dərin kök saldı.
Bunyan, Xristianın qapıya gəlməsini təsvir edir - gəzmədi, dövrə vurmadı, əksinə niyyətlə yaxınlaşdı. O, qapıya doğru sürünmür. O, qapıya çatır, çünki daxilində bir şey artıq həll olunub.
Və gələndə tərəddüd etmir.
O, qapını döyür.
Bu, səyahətin yenidən dəyişdiyi andır.
Hər şey aydın olduğu üçün deyil,
içinizdəki bir şeyin **qəti olduğu üçün** .
Bu yerə yaxınlaşa bilərsiniz.

Harada:

- Artıq geri qayıtmaq barədə mübahisə etmirsən
- Artıq əyləncəli alternativlər deyilsən
- Artıq qoyub getdiyin şeylər üçün yer saxlamırsan

Özünüzü güclü hiss etdiyiniz üçün deyil,
qərar verdiyiniz üçün .
Bu, səs-küylü deyil.
Dramatik deyil.
Sakitdir.
Amma möhkəmdir.
Və bu sərhəd daxildən keçildikdən sonra nəsə dəyişir.
Artıq iki istiqamətə çəkilmirsən.
Artıq bildiklərinlə hiss etdiklərin arasında bölünmürsən.
Yolun daha asan olduğuna görə deyil, mövqeyiniz müəyyənləşdiyinə görə fərqli bir aydınlıqla hərəkət etməyə başlayırsınız.
Bəs insan əsl keçidin heç vaxt zahiri olmadığını anladıqda nə etməlidir? Ən vacib addımın fiziki olaraq ayrılmaq deyil, daxilən geri qayıtmayacağına qərar vermək olduğunu görəndə?
O, irəliləyir.
Tərəddüdlə yox.
Amma uyğunlaşma ilə.

Refleksasiya Sualları

- Daxili olaraq hələ də harada qərarsızam?
- Hansı hissəm hələ də geri qayıtmaq üçün yer buraxır?
- Zahirən nə etmişəm ki, hələ daxilən qərarlaşmamışam?
- Hansı qərarı verməyi tamamilə təxirə saldım?
- Tamamilə daxili uyğunluqda olmağım necə görünərdi?

Dərin Əksolunma

Bunyan təkcə darvazaya doğru irəliləmədi.
qərara gəldi .
Bunu tanımalısınız:

Xaricdən irəliləyə və daxilən bölünmüş vəziyyətdə qala bilərsiniz.
Əsl ayrılıq, qərar sizin daxilinizdə qəti olduqda baş verir.
Özünüzə sual verin:
Həqiqətən qərar vermişəm, yoxsa hələ də danışıqlar aparıram?
Geri qayıtmaq seçimini tamamilə aradan qaldırsam nə dəyişərdi?
Məhz burada aydınlıq gücə çevrilir.

Fəaliyyət Planı (Yalnız Bu Gün)

1. **Hələ də daxilən bölünmüş olduğunuz bir sahəni müəyyən edin**
   . Dürüst olun.
2. **Bu cümləni aydın şəkildə yazın:**
   "Qərara gəldim ki, artıq..."
3. **Geri dönüş seçimini**
   zehni və praktik olaraq aradan qaldırın.
4. **Bu gün uyğunlaşmanın təsdiqləyici addımını atın.**
   Hərəkətlərinizin qərarınıza uyğun olmasına icazə verin.

Dua

Tanrım,
indi köçdüyümü görürəm, amma həmişə daxilimdə məskunlaşmamışam.
İrəliləyərək, yenə də geriyə baxaraq bölünmüş qaldığım yerlər var .

Bu gün mən tam qərar verməyi seçirəm.
Artıq qoyduğum şeylərin qapısını bağlamağa kömək et .

Mənə çağırdığın şeyə qayıtmayan möhkəm bir ürək ver .

Qoy istiqamətim
yalnız nə etdiyimdə deyil, həm də daxilən kim olduğumda aydın olsun.
Amin.

MƏRHƏLƏ 3 — Münaqişə (17–24-cü günlər)

Mübarizə, şübhə, müqavimət, dözümlülük

17-Cİ GÜN — Gözləmədiyiniz Bataqlıq

Başladıqdan sonra səyahət daha çətinləşəndə

"Sonra yuxumda gördüm ki, onlar bu söhbəti bitirən kimi çox palçıqlı bir bataqlığa yaxınlaşdılar... və hər ikisi də diqqətsizlikdən qəfildən bataqlığa düşdülər."

— *Con Banyan, Zəvvarın Yürüşü*

Düşünürdüm ki, başladıqdan sonra hər şey daha aydın olacaq. Bəlkə də asan deyildi - amma heç olmasa daha sabit. Tərk etməli olduğum şeyləri qoymuşdum. Həll etməli olduğum şeyləri həll etmişdim. Qərarımı vermişdim.
Amma bunu gözləmirdim.
Altımdakı torpaq boşaldı.
İrəliləyiş kimi görünən şey birdən çətinliyə çevrildi.
Addımlarım yavaşladı. Ayaqlarım zəiflədi. İndi öhdəlik götürdüyüm şey təsəvvür etdiyimdən daha çətin görünürdü.
"Ümidsizlik Çöllüyü" adlandırdığı yerdə tapdım — xarici müxalifət deyil, daxili ağırlıq məkanı. Həqiqət dəyişdiyinə görə deyil, təcrübələrimin artıq gözləntilərimə uyğun gəlmədiyinə görə hər şeyin yenidən qeyri-müəyyən olduğu bir yerdə.
Mən başlamışdım.
Bəs niyə batmaq kimi hiss etdim?
Çoxlarının çaşqınlıq içində qaldığı yer budur.
Çünki biz qərar verdikdən sonra
yolun bizi təsdiqləyəcəyini güman edirik.
Amma Bunyan fərqli bir şey göstərir.
Həqiqi hərəkətdən sonra qarşılaşdığınız ilk şey təsdiq deyil
, müqavimətdir .
Mütləq başqalarından yox.
Amma daxildən.
Daşıdığınız şeyin ağırlığı daha dərindən basılmağa başlayır.
Köhnə fikirlər yenidən üzə çıxır. Şübhə pıçıldamağa başlayır
— ucadan yox, israrla.

Soruşmağa başlayırsan:

- *Çox tez hərəkət etdim?*
- *Nəyisə səhv başa düşdüm?*
- *Niyə bu, indi əvvəlkindən daha çətin hiss olunur?*

Və bütün bunların altında sakit bir sual var:
Başlanğıc səhv idi?
Bunyan, Kristianın bu bataqlığa necə düşdüyünü təsvir edir - mübarizə aparır, ağırlıq çəkir və asanlıqla irəliləyə bilmir. Vəziyyəti daha da çətinləşdirən təkcə torpağın vəziyyəti deyil, həm də onun bunu gözləməməsidir.
O, hərəkətin rahatlıq gətirəcəyini düşünürdü.
Bunun əvəzinə, çəkini ifşa etdi.
Bunu indi hiss edə bilərsiniz.
Harada:

- İndi öhdəlik götürdüyünüz şey daha ağır hiss olunur
- Geridə qoyduğunuz şey müqayisədə daha asan görünür
- Bir vaxtlar aydın görünən şey indi mürəkkəb görünür

Aydın olmadığı üçün yox —
amma indi **tam şəkildə bununla məşğul olduğunuz üçün** .
Bu, uğursuzluq deyil.
münaqişənin başlanğıcıdır .
Bəs seçdiyi yol onu dərhal gücləndirməsə də, əksinə, hələ də nə qədər sarsılmaz olduğunu ortaya qoysa, insan nə etməlidir? Altındakı torpaq yerindən tərpənəndə və özünü həqiqətdən uzaqlaşmadan, bunun nəyə başa gəldiyinin reallığına qərq olduğunu hiss edəndə?
O, bunu başa düşməlidir:
Mübarizə sizin başlamaqda səhv etdiyinizin sübutu deyil.
Bu, həqiqətən başladığınızın sübutudur.

Refleksasiya Sualları

- İrəliləməyə qərar verdiyimdən bəri nə çətinləşdi?
- Vəziyyətin dərhal yaxşılaşacağını harada gözləyirdim — amma elə deyildi?

- Hansı fikirlər üzə çıxıb ki, istiqamətimi şübhə altına alıram?
- Hazırda özümü harada "batdığımı" hiss edirəm?
- Çətinliyi uğursuzluq kimi şərh edirəmmi?

Dərin Əksolunma
Bunyan bataqlığı səyahətdən əvvəl yerləşdirmədi.
başında qoydu .
Bunu tanımalısınız:
Erkən mübarizə yanlış istiqamətləndirmə əlaməti deyil. Bu, **reallıqla əlaqənin** əlamətidir .
Özünüzə sual verin:
Bunun necə hiss olunmasını gözləyirdim?
Səhv olduğuna görə, yoxsa çətin olduğuna görə ruhdan düşürəm?
Bunlar eyni deyil.

Fəaliyyət Planı (Yalnız Bu Gün)

1. **Hazırda harada müqavimət hiss etdiyinizi müəyyənləşdirin**
   . Konkret olun.
2. **Çətinliyi istiqamətdən ayırın**
   :
   "Bu çətindir, amma səhv deyil".
3. Ağır hiss olunsa belə, **bir addım irəli atın .**
4. **Bu gün irəliləyişinizi emosional olaraq qiymətləndirməyin,**
   sabit qalın.

Dua
Tanrım,
bunun bu qədər tez çətin olacağını gözləmirdim.

Düşünürdüm ki, bu başlanğıc aydınlıq gətirəcək,
amma əvəzində müqavimət hiss edirəm.
Bu anı səhv başa düşməməyimə kömək et.
Mübarizənin başlamağımda səhv etdiyim anlamına
gəlmədiyini anlamağıma kömək et.
Özümü qeyri-sabit hiss etdiyim zaman ayaq üstə durmaq və
ruhdan düşdüyüm zaman davam etmək üçün mənə güc ver .

Sadəcə çətin olduğu üçün geri dönməyimdən məni saxla .

yer qeyri-müəyyən hiss olunanda belə irəli getməyi mənə öyrət
.

Amin.

18-Cİ GÜN — Tərəqqi uğursuzluq kimi hiss olunanda

İrəliləyərkən - amma belə hiss olunmur

"Mən özüm üçün həm yük, həm də qorxu idim... Necə xilas ola biləcəyimi təsəvvür edə bilmirdim."
— *Con Banyan, "Grace Abounding"*

Mən hərəkət etməyə başlamışdım.
Artıq qala bilmədiyim şeyləri tərk etmişdim. Qərarımı vermişdim. Hətta bununla gələn ilk müqavimətə belə dözmüşdüm. Və yenə də, davam etdikcə, gözləmədiyim bir şəkildə məni narahat edən bir şey var idi.
İrəliləyiş hiss etmirdim.
Əksinə, özümü daha pis hiss edirdim.
Özümdə gördüklərim daha aydın görünürdü, amma daha yaxşı deyildi. İçimdə hiss etdiklərim daha yüngül yox, daha ağır görünürdü. Nə qədər irəlilədikcə, bir o qədər də fərqinə varırdım - nə qədər irəlilədiyimi deyil, hələ də nə qədər həll olunmamış qaldığını.
Bu məni narahat etdi.
Çünki hərəkətin inkişaf kimi hiss olunacağını güman etmişdim.
Bu dəyişiklik rahatlıq kimi hiss olunacaqdı.
Bu irəliləyiş güc kimi hiss olunacaqdı.
Amma əvəzində özümü açıq hiss etdim.
Bunyan bu gərginlik haqqında heyrətamiz dürüstlüklə yazır. O, qarışıqlıqdan aydınlığa doğru davamlı yüksəlişi deyil, tez-tez geriləmə kimi hiss olunan dərinləşən bir şüuru təsvir edir. Həqiqətə nə qədər yaxınlaşırdısa, daxilində uyğun olmayan şeyləri bir o qədər çox görürdü.
Və bu, onu özünə sual verməyə vadar etdi.
Onun qərarı deyil,
vəziyyəti.
Bunu indi hiss edə bilərsiniz.

Harada:

- doğru bildiyin işi görürsən
- amma özünü daha güclü hiss etmirsən
- özünüzü daha aydın hiss etmirsiniz
- özünüzü "daha yaxşı" hiss etmirsiniz

Və buna görə də sakit bir fikir formalaşmağa başlayır:
Həqiqətən irəliləyirəm... yoxsa uğursuzluğa düçar oluram?
Məhz burada çoxları ruhdan düşür.
Ona görə yox ki, dayanıblar,
amma baş verənləri səhv başa düşüblər.
Çünki əsl irəliləyiş həmişə irəliləyiş kimi hiss olunmur.
Bəzən bu, **məruz qalma kimi hiss olunur** .
Əvvəllər görmədiyiniz şeyləri özünüzdə görməyə başlayırsınız - yeni olduqları üçün deyil, artıq onları tanıyacaq qədər yaxın olduğunuz üçün. Bir vaxtlar gizli olan şey görünməyə başlayır. Bir vaxtlar görməzdən gəlinən şey isə danılmaz hala gəlir.
Və bu, geriyə doğru getmək kimi hiss oluna bilər.
Amma belə deyil.
Aydın görmək üçün lazım olan işdir.
Bunyan geriləmirdi.
O, **xəbərdar olurdu** .
Və şüur, dərinləşdikcə, çox vaxt azalma kimi hiss olunur - çünki artıq özünüzü əvvəllər gördüklərinizlə deyil, indi aşkar olanlarla ölçürsünüz.
Bəs irəliləyişi uğursuzluq kimi hiss olunanda insan nə etməlidir? İtaətkarlıq dərhal güc yaratmır, əksinə əvvəllər fərq etmədiyi zəifliyi üzə çıxarırsa?
O, fərqli ölçməyi öyrənməlidir.
Özünü necə hiss etdiyinə görə deyil,
hara baxdığına görə.

Refleksasiya Sualları

- İrəliləsəm də, harada uğursuz olduğumu hiss edirəm?

- Bu səyahətə başladığımdan bəri içimdə daha çox nələr göründü?
- Mən irəliləyişin necə hiss olunmasını gözləyirəm?
- Özümü açıq hiss etdiyim üçün harada ruhdan düşürəm?
- Böyüməni hisslə, yoxsa istiqamətlə ölçürəm?

Dərin Əksolunma

Bunyan özünü daha güclü hiss etməklə böyümədi.
, daha aydın görərək böyüdü .
Bunu tanımalısınız:
Tərəqqi həmişə güc kimi hiss olunmur. Bəzən bu,
şüur kimi hiss olunur .
Özünüzə sual verin:
Əvvəllər görə bilmədiyim şeyi indi görürəm?
Bunu bir neçə addım əvvəl tanıya bilərdimmi?
Bu, uğursuzluq deyil.
Bu, aydınlıqdır.

Fəaliyyət Planı (Yalnız Bu Gün)

1. Uğursuz olduğunuzu hiss etdiyiniz bir sahəni müəyyənləşdirin
   . Dürüst olun.
2. Bunu aydın şəkildə yenidən ifadə edin:
   "Bu, uğursuzluq deyil. Bu, şüurdur."
3. Əvvəllər görmədiyiniz, amma indi gördüklərinizi yazın
4. Hisslərini qiymətləndirmədən bir itaətkarlıq hərəkətinə davam et

Dua

Tanrım,
dayandığım üçün deyil, irəlilədiyimi hiss etmədiyim üçün ruhdan düşürəm.
Özümdə gördüklərim əvvəlkindən daha ağır hiss olunur.
Daxilimdə hiss etdiklərim həll olunmamış kimi hiss olunur.

Bu anı səhv başa düşməməyimə kömək et.
Aşkarlanan şeyin uğursuzluq əlaməti deyil, aydınlığa doğru bir addım olduğunu görməyimə kömək et.
Bu prosesdə mənə səbir ver.
Dərhal özümü daha güclü hiss etmədən irəliləməyə davam etməyimə kömək et.
, hələ dəyişikliyi hiss etməsəm belə, Sənin məndə etdiklərinə etibar etməyi öyrət .

Amin.

19-CU GÜN — İttihamçının Səsi

Özünüzdə Gördükləriniz Sizə qarşı İstifadə Ediləndə

"Öz-özümə düşündüm ki, bu mənim vəziyyətimdir... və mən sadəcə itirilmiş və uğursuz bir insanam."
— *Con Banyan, Grace Abounding*

Daha aydın görməyə başlayanda, sonradan nə olacağını gözləmirdim.
Düşünürdüm ki, şüur məni irəli aparacaq. Həqiqəti görmək məni sabitləşdirəcək. Vəziyyətimi anlamaq daha əminliklə irəliləməyimə kömək edəcək.
Amma bunun əvəzinə başqa bir şey danışmağa başladı.
Kənardan deyil,
içimdən.
Bu, tanış deyildi. Bu, güclə deyildi. Səssizcə, israrla və rədd edilməsi çətin olan bir məntiqlə gəldi.
Özümdə görməyə başladığım şeyləri götürüb mənə qarşı çevirdi.
Orada deyilirdi:
İndi nə olduğunu görürsən.
Doğru olandan nə qədər uzaq olduğunu görürsən. Həll olunmamış qalanı görürsən.
Və sonra əlavə etdi:
Sənin üçün irəliyə gedən yol yoxdur.
Mübarizənin yenidən dəyişdiyi yer budur.
Çünki əvvəllər müqavimətlə, qeyri-müəyyənliklə, çətinliklə qarşılaşırdım.
ittihamlarla üzləşirdim .
Düzəliş yox.
Rəhbərlik yox. Amma qınama.
Bunyan bu barədə ağrılı dürüstlüklə yazır. O, özü haqqında gördüklərinin ağırlığının o qədər ağırlaşdığı və artıq həll edilə

biləcək bir şey kimi hiss olunmadığı anları təsvir edir - bu, onu tamamilə müəyyən edən bir şey kimi hiss olunurdu.
O, başlayıb-başlamadığını soruşmadı.
Bunun əhəmiyyəti olub-olmadığını soruşdu.
Və burada ortaya çıxan səs budur.
Geri dönməyini deyən səs deyil.
Amma sizə deyən səs:
Davam etməyin mənası yoxdur.
Bunu tanıya bilərsiniz.
Harada:

- İndi özündə gördüklərin həddindən artıq böyük hisslər yaradır
- Bir vaxtlar şüurlu olan şey indi sizə qarşı dəlil kimi hiss olunur
- Dəyişikliyə səbəb olacağını düşündüyünüz şey indi ruhdan düşməyə səbəb olur

Düşünməyə başlayırsan:
Bəlkə də mən beləyəm.
Bəlkə də bu dəyişə bilməz. Bəlkə də artıq həddindən artıq irəli getmişəm.
Bu, həqiqət deyil.
Bu, ittihamdır.
Çünki həqiqət irəliyə doğru aparmaq üçün ortaya çıxır.
İttiham səni susdurmaq üçün ortaya çıxır.
Bunyan təkcə gördükləri ilə mübarizə aparmırdı.
onun haqqında nə deməyə başladığını anlamaqda çətinlik çəkirdi .
Və bir müddət buna inandı.
prosesdən kənarda olan biri kimi görürdü .

Bəs onda insan özü haqqında gördükləri həqiqət olduğunu bildiyindən daha çox danışmağa başlayanda nə etməlidir? Şüur yalan olduğuna görə deyil, səhv istifadə edildiyinə görə ağırlaşdıqda?
O, səsləri ayırd etməyi öyrənməlidir.
Çünki daxilinizdən çıxan hər şey
həqiqəti söyləmir.

Refleksasiya Sualları

- Son zamanlar hansı düşüncələrim var ki, onları istiqamətləndirmək əvəzinə, qınayıram?
- Harada şüur mənim üçün ruhdan düşməyə çevrildi?
- Özüm haqqında son və ya ümidsiz hiss etdiyim nəyə inanmağa başlayıram?
- Hansı səsi dinləyirəm ki, mənə irəliyə gedən yolun olmadığını deyir?
- Gördüklərimlə nəticə çıxardığım nəticə arasında nə fərq var?

Dərin Əksolunma

Bunyan aydın görürdü.
Amma o, bu aydınlıqdan çıxardığı nəticədə az qala özünü itirəcəkdi.
Bunu tanımalısınız:
Özünüz haqqında həqiqəti görmək,
onun nə demək olduğunu anlamaqla eyni deyil.
Biri inkişafa,
digəri isə ümidsizliyə səbəb ola bilər.
Özünüzə sual verin:
Nə görürəm?
Gördüklərim haqqında nə deyirəm?
Bunlar eyni deyil.

Fəaliyyət Planı (Yalnız Bu Gün)

1. İnandığınız bir qınayıcı fikri müəyyən edin . Aydın şəkildə yazın.
2. Müşahidəni nəticədən ayırın.
   Məsələn: "Mən bunu özümdə görürəm" ifadəsi "Buna görə də mən dəyişiklikdən kənaram" ifadəsi ilə eyni deyil.
3. Nəticəni rədd edin - məlumatlılığı deyil

4. Özünüzü məhrum hiss etsəniz belə, bu gün bir itaətkarlıq hərəkətinə davam edin

Dua

Ya Rəbb,
mən özümdə elə şeylər görürəm ki, onları görməzdən gələ bilmərəm.
Amma eyni zamanda məni sıxan şeylər də eşidirəm — gördüklərimin məni tamamilə müəyyən etdiyini deyirlər.
və mənə qarşı nəyin istifadə olunduğunu anlamağımda mənə kömək et .

Şüurumu ümidsizliyə çevirməyə qoyma.
Dəyişikliyin xaricində olduğuma inanmağa qoyma.
Düzgün görmək üçün mənə aydınlıq ver
və ruhdan düşəndə belə davam etmək üçün güc ver.
Mənə xatırlat ki, vəhy olunan şey
məni məhv etmək üçün deyil, irəli aparmaq üçündür.
Amin.

20-Cİ GÜN — Yalançı Bələdçilər və Asan Yollar

Hər Faydalı Səs Sizi Doğruya Aparmayanda

"Sonra yuxumda gördüm ki, Xristian irəliləyir... və orada onunla iki kişi qarşılaşdı... onlar onu özləri ilə getməyə razı saldılar, çünki onların yolu daha yaxşı idi."
— *Con Banyan, Zəvvarın Yürüşü*

Hərəkət etməyə başlamışdım və gözlədiyimdən daha çox dözmüşdüm.
Müqavimət, çaşqınlıq və içimdə görməyə başladığım şeylərin ağırlığı ilə qarşılaşmışdım. Geri dönməmişdim. Çətin olsa belə, davam etmişdim.
Və bəlkə də buna görə, bundan sonra nə olacağını gözləmirdim.
Artıq geri çəkilmirdim.
Məni... yan tərəfə dəvət edirdilər.
Kişilər yanıma gəldilər - səyahətimə qarşı çıxmadılar, istiqamətimi lağa qoymadılar, əksinə faydalı görünən bir şey təklif etdilər. Hərəkət etdiyimi şübhə altına almadılar, real bir şey axtardığımı inkar etmədilər.
Onlar sadəcə təklif etdilər:
Daha asan bir yol var.
Bu, ağlabatan səslənirdi.
Niyə lazımsız mübarizə aparmalı? Eyni istiqamətə aparan alternativlər olduğu halda niyə çətin yolu seçməli? Daha yüngül bir şey mövcud olduğu halda niyə ağır hiss olunan şeylərə dözməli?
Və artıq yorğun olduğum üçün — artıq gərgin, artıq qeyri-müəyyən olduğum üçün — qulaq asdım.
Məhz burada təhlükə incə hala gəlir.
Çünki hər yanlış dönüş üsyan kimi görünmür. Bəziləri isə **inkişaf** kimi görünür .

Bunyan, Kristianın dar yoldan çıxıb daha yaxşı görünən - daha hamar, daha asan və daha idarəolunan bir yola getməyə necə inandırıldığını təsvir edir. Bu, tərk edilmiş kimi hiss olunmur. Bu, uyğunlaşma kimi hiss olunur.
Amma tamamilə başqa yerə aparır.
Özünüzü burada tapa bilərsiniz.
Harada:

- geri qayıtmağı düşünmürsən
- bildiyinizi rədd etmirsiniz

Amma sizə daha yaxşı bir versiya kimi hiss etdirən bir şey təklif olunur.
Nəsə:

- daha rahat
- daha səmərəli
- daha az tələbkar

Və bu, məntiqlə gəlir.
Orada deyilir:

- *Bu hələ də işləyir*
- *Bu hələ də irəli aparır*
- *Bu, sadəcə bunu etmək üçün daha ağıllı bir yoldur*

Və bu, özünü pis hiss etmədiyi üçün
müqavimət göstərmək çətinləşir.
Amma burada aydınlıq tələb olunur.
Çünki sual artıq belə deyil:
Bu səhvdirmi?
Bu olur:
Bu **uyğundurmu** ?
Bunyanın xəbərdarlığı dəqiqdir.
Yol dardır, çünki məhdudlaşdırıcı deyil
, spesifikdir .
Və onu tərk etdikdə - hətta bir az belə - artıq onun üzərində deyilsən.
hazırda gəzdiyindən daha faydalı, ağlabatan və daha asan görünən bir şey təklif edildikdə, alternativ səhv kimi deyil, inkişaf kimi görünəndə nə etməlidir ?
O, bunu sınamalıdır.

Hisslərinə görə deyil,
hara apardığına görə.

Refleksasiya Sualları

- Hazırda hansı "daha asan" seçimlərə üstünlük verirəm?
- Hansı məsləhətlər və ya alternativlər faydalı səslənir, amma uyğun gəlməyə bilər?
- Yolda qalmaq əvəzinə, harada yolumu düzəltməyə meylliyəm?
- Nə daha asan hiss olunur, amma məndən daha az şey tələb edir?
- Mən nəyin doğru olduğunu, yoxsa nəyin daha rahat olduğunu seçirəm?

Dərin Əksolunma

Bunyan açıq-aşkar səhv bir şey tərəfindən yoldan çıxarılmamışdı.
daha yaxşı hiss edən bir şey idarə edirdi .
Bunu tanımalısınız:
Hər köməksevər səs əsl bələdçi deyil.
Hər asan yol düzgün yerə aparmır.
Özünüzə sual verin:
Hazırda tələb olunduğunu bildiyimdən daha asan hiss etdiyim nəyi düşünürəm?
Niyə bu, mənə xoş gəlir?
Məhz burada dərrakə vacib hala gəlir.

Fəaliyyət Planı (Yalnız Bu Gün)

1. Nəzərdən keçirdiyiniz bir "daha yaxşı" və ya "daha asan" variantı müəyyən edin
   . Dürüst olun.
2. Bunu artıq doğru bildiyiniz şeylə müqayisə edin. Hisslərlə deyil, uyğunluqla.
3. Bu gün rahatlıq əvəzinə uyğunluğu seçin
4. Bildiyin yolda qal - hətta daha çətin hiss olunsa belə

Dua

Tanrım,
görürəm ki, doğru hiss edilən hər yol lazım olduğu yerə aparmır.
daha idarəolunan, daha məntiqli görünən şeylər məni cəlb edir
.

yalnız daha yaxşı görünən bir şey üçün tərk etmək istəmirəm .

Mənə nəyin uyğunsuz olduğunu,
hətta məntiqli görünsə belə, ayırd etmək üçün dərrakə ver.
Yolda sabit qalmağıma,
həqiqətdən daha çox rahatlığı seçməməyimə kömək et.
yalnız doğru görünən şeylərin yoldan çıxarmasından qoru .

Amin.

21-Cİ GÜN — Həqiqət bahalaşanda

İtaətkarlıq planlaşdırdığınızdan daha çox şey tələb etdikdə

"Sonra Kristian dedi: "Həlak olsam da, cəsarət etməliyəm"."
— *Con Banyan, "Ziyarətçinin Yürüşü"*

Düşünürdüm ki, bir dəfə başlasam və ilk çətinliklərə dözsəm, yol sonda idarəolunan bir şeyə çevriləcək.
Asan deyil, amma davamlıdır.
Amma bir an gəldi ki, tam düşünmədiyim bir şeyi anladım.
Bu yol mənə planlaşdırdığımdan daha baha başa gələcəkdi.
Bu vaxta qədər lazım bildiyim hər şeyi - diqqətimi, istiqamətimi, hərəkət etmək istəyimi vermişdim. Hər şeyi geridə qoymuşdum. Məni geri çəkən şeylərə müqavimət göstərmişdim. Çətin olanda belə davam etmişdim.
Amma indi daha dərin bir şeyə ehtiyac var idi.
Tənzimləmə deyil.
Səy deyil.
Amma hələ toxunmadığım yerlərdə təslim oldum.
Bunyan, səyahətin artıq nəzəri deyil, tələbkar olduğu, xərci bəlli olduqda belə, xristianın irəliləməyə davam etməli olduğu anları təsvir edir. İtaətkarlığın artıq başlamaq deyil, **xərc çəkərək davam etmək olduğu anları** .
Və burada çoxları yenidən tərəddüd edir.
Çünki xərclər bəlli olmayanda başlamaq bir şeydir, xərclər görünməyə başlayanda isə davam etmək başqa şeydir.
Bunu indi hiss edə bilərsiniz.
Harada:

- Sizdən soruşulan şey gözlədiyinizdən daha çox hiss olunur
- buraxmalı olduğunuz şey əvvəlkindən daha əhəmiyyətli hiss olunur
- itaət tələb edən şey artıq əlverişli deyil

Görməyə başlayırsan ki, bu, hər şeyin dəyişmədən idarə edə biləcəyin bir şey deyil.
Prioritet tələb edir.
Yenidən sıralanmağı, fədakarlıq etməyi xahiş edir.
Və içinizdəki bir şey müqavimət göstərir - inanmadığınız üçün deyil, bunun bu qədər çox şey tələb edəcəyini gözləmədiyiniz üçün.
Soruşmağa başlaya bilərsiniz:
Bu lazımdırmı?
Bu çoxdurmu? Bütün bunları vermədən yolun bir hissəsini keçə bilmərəmmi?
Amma yol yenidən aydınlaşdığı yer budur.
Çünki həqiqət tələb etdiyi şeylə razılaşmır.
Bu, aşkar edir və sonra sizin cavabınızı gözləyir.
Bunyan Kristianı pulsuz hərəkət edən biri kimi təqdim etmir.
O, onu **buna baxmayaraq davam edən biri kimi təqdim edir** .
Güclü olduğuna görə yox,
geri dönmək üçün çox irəli getdiyinə görə.
Bəs itaətkarlıq, ümid etdiyi şeyləri tələb etməyə başlayanda insan nə etməlidir? Yol təkcə hərəkət etməyi deyil, həm də baha başa gələn, narahatedici və hətta dağıdıcı hiss olunan təslim olmağı tələb etdikdə?
O, yenidən qərar verməlidir.
Doğru olub-olmadığı deyil,
amma buna dəyər olub-olmadığı vacibdir.

Refleksasiya Sualları

- Hazırda itaətkarlıq mənə gözləmədiyim nəyə başa gəlir?
- Məndən əhəmiyyətli hiss etdiyim nəyi açıqlamağım istənir?

- Qiymət çox yüksək hiss olunduğu üçün hara müqavimət göstərirəm?
- Bu yolla uyğun olmayan nəyi qorumağa çalışıram?
- Məncə, bu bahasına davam etməyə dəyərmi?

Dərin Əksolunma
Qiymət ortaya çıxanda Bunyan dayanmadı.
Aydınlaşanda davam etdi.
Bunu tanımalısınız:
Qiymət bir şeyin səhv olduğu anlamına gəlmir.
Bu, çox vaxt bir şeyin **real olduğu anlamına gəlir** .
Özünüzə sual verin:
Planlaşdırmadığım nədən imtina etməyim istənilir?
Niyə çətin hiss olunur?
Məhz burada inam öhdəliyə çevrilir.

Fəaliyyət Planı (Yalnız Bu Gün)

1. İtaətkarlığın baha başa gəldiyini hiss etdiyiniz bir sahəni müəyyən edin
   . Konkret olun.
2. Bunun sizə nə qədər başa gəldiyini adlandırın (vaxt, rahatlıq, nüfuz, nəzarət, təhlükəsizlik)
3. Bu gün qərar verin:
   "Bu xərclə belə davam edəcəyəm."
4. Həmin qərarı əks etdirən bir addım atın

Dua
Tanrım,
indi görürəm ki, bu yol gözlədiyimdən daha baha başa gəlir.
Bəzi şeylər vermişəm,
amma indi daha çox verməyim istənilir.
Və mən bunun ağırlığını hiss edirəm.
Sadəcə baha başa gəldiyinə görə müqavimət göstərməməyimə kömək et .

Planlaşdırdığımdan daha çox şey tələb etdikdə davam etmək üçün mənə güc ver .

Mənə istədiyin şeyin
çox olmadığına, amma zəruri olduğuna inanmağı öyrət.
Və mənə itaətkarlığı seçməyimə kömək et,
hətta bu, mənə baha başa gəlsə belə.
Amin.

22-Cİ GÜN — Daxili Müharibənin Ağırlığı

İstək və İntizam Sizi Əks İstiqamətlərə Çəkəndə

"Daxilimdə davamlı bir mübarizə gördüm... cismani və ruh bir-biri ilə mübarizə aparırdılar."
— *Con Banyan, "Grace Abounding"*

Düşünürdüm ki, bu yolu seçdikdən sonra mübarizəm daha aydın olacaq.
Doğru olanın doğru kimi hiss olunacağı,
səhv olanın isə təsirini itirəcəyi.
Amma mən bunu tapmadım.
Mən münaqişəni tapdım —
ətrafımda deyil, içimdə.
Elə anlar olurdu ki, nə etməli olduğumu dəqiq bilirdim, amma içimdə nəsə buna müqavimət göstərirdi. Açıq şəkildə yox, təkidlə yox, israrla. Əks istiqamətə sakitcə bir dartınma.
Artıq həqiqət barədə çaşqınlıq hiss etmirdim.
Amma istəklərim iki yerə bölünmüşdü.
Bir hissəm davam etmək, irəliləmək, nizamı qorumaq, artıq gördüklərim və seçdiklərimlə davam etmək istəyirdi.
Və içimdə başqa bir hissə rahatlıq istəyirdi.
Yoldan yox,
onun təzyiqindən.
Bunyan bu barədə gərginliyi yumşaltmayan dürüstlüklə danışır. O, kim olduğu ilə kimə çevrildiyi arasında dəqiq bir fasilə təsvir etmir. O, **müharibəni** — bildikləri ilə hiss etdikləri arasında əsl, davam edən bir mübarizəni təsvir edir.
Və çoxlarının yorulduğu yer budur.
Çünki çətinliklə üzləşmək bir şeydir,
özünlə üzləşmək isə başqa şeydir .
Bunu indi hiss edə bilərsiniz.

Harada:

- Nəyin doğru olduğunu bilirsən, amma həmişə istəmirsən
- istiqamətdə aydınsınız, amma istəklərinizdə ziddiyyət var
- irəliləyirsən, amma daxildən müqavimət olmadan deyil

Bu, qarışıqlıq deyil.
Bu, **daxili münaqişədir** .
Və bu, yorucu hiss oluna bilər.
Çünki ondan heç bir məsafə yoxdur.
Ondan uzaqlaşacaq bir yer yoxdur.
Səninlə birlikdə hərəkət edir.
Soruşmağa başlayırsan:
Niyə bu hələ də mübarizədir?
Niyə hələ də hər iki istiqamətdə özümü dartılmış hiss edirəm?
Niyə bildiklərim hisslərimi həll etmir?
Və bütün bunların altında daha dərin bir məyusluq gizlənir:
Bu, artıq daha asan olmalı deyilmi?
Lakin Bunyan bunu uğursuzluq kimi təqdim etmir.
O, bunu reallıq kimi təqdim edir.
Münaqişənin olması geriyə doğru irəlilədiyiniz anlamına gəlmir.
Bu, artıq passiv olmadığınız deməkdir.
Sən nişanlısan.
Və nişanlanma gərginlik gətirir.
Çünki bir vaxtlar müqavimət göstərmədən hökm sürən şey indi qarşıdurmaya məruz qalır. Bir vaxtlar sizi sakitcə istiqamətləndirən şey indi müqavimətə məruz qalır. Müxalifət isə sürtünmə yaradır.
Bəs insan artıq mübarizəsi doğru olan şeylər üçün deyil, özünü nəyə yönəltmək üçün hiss etdiyi şeylər üçündürsə, həqiqəti müzakirə etmək üçün deyil, özü ilə mübarizə aparmaq üçündürsə, bəs onda nə etməlidir?
Arzuları hələ çatmamış olsa belə , istiqamətini tutmağı öyrənməlidir .

Refleksasiya Sualları

- Bildiklərimlə istədiklərim arasında harada bölünmüş hiss edirəm?
- Hazırda hansı daxili mübarizə ən davamlı hiss olunur?
- Hərəkət etməzdən əvvəl istəklərimin harada uyğunlaşacağını gözləyirəm?
- Nəyə müqavimət göstərməkdən bezmişəm?
- Hətta münaqişədə belə sabit qalmaq necə görünərdi?

Dərin Əksolunma

Bunyan istəklərinin həll olunmasını gözləmədi.
Onlar hələ münaqişə içində ikən o, davam etdi.
Bunu tanımalısınız:
Uyğunlaşma həmişə istəkdən başlamır. Çox vaxt **qərar verməkdən** başlayır .
Özünüzə sual verin:
Hələ tam hiss etməsəm belə, nəyin doğru olduğunu bilirəm?
Hərəkət etməzdən əvvəl özümü uyğun hiss etməyi gözləyirəmmi?
İntizamın formalaşmağa başladığı yer budur.

Fəaliyyət Planı (Yalnız Bu Gün)

1. Daxili münaqişənin bir sahəsini müəyyən edin . Xüsusi olun.
2. İstəyi istiqamətdən ayırın
   Aydın yazın: "Bunu hiss etsəm də, bunu seçəcəyəm."
3. Hiss etdiklərinizə görə deyil, bildiklərinizə görə hərəkət edin
4. Bu gün münaqişəni həll etməyə çalışmayın, sadəcə içində sabit qalın

Dua

Ya Rəbb,
mən içimdəki münaqişənin ağırlığını hiss edirəm.
Bildiklərim və hiss etdiklərim
həmişə eyni olmur.
Və hər ikisini daşımaq yorucudur.
Hisslərimin təsiri altında qalmamağıma kömək et.
Bildiklərimdə sabit qalmağıma kömək et.
Arzularım tam uyğunlaşmasa belə, davam etmək üçün mənə güc ver .

asanlıq gözləmədən, intizamla irəli getməyi öyrət .

Və məndə
daxili mübarizə ilə sarsılmayan bir ardıcıllıq formalaşdır.
Amin.

23-cü GÜN — Geri dönmək istədiyiniz zaman

Davam etməyin təslim olmaqdan daha çətin hiss olunduğu dürüst an

"Yenidən geri qayıtmaq istədim... çünki heç vaxt xilas olmayacağımı düşünürdüm."
— *Con Banyan, "Grace Abounding"*

Artıq yolu sorğulamadığım bir an gəldi.
Bunun üzərində qala biləcəyimi soruşdum.
Bu vaxta qədər çox şeyə dözmüşdüm. Müqavimət, çaşqınlıq, ittihamlar və daxili münaqişələrin ağırlığı ilə qarşılaşmışdım.
Geri dönməmişdim. Çətin olsa belə, davam etmişdim.
Amma indi daha dərin bir şey üzə çıxdı.
Həqiqətə şübhəm yoxdur.
Amma özümə şübhəm var.
Davam etməyin gərginliyini hiss etməyə başladım.
Birdən yox,
amma sabit, köhnəlir.
Sizi dərhal sındırmayan,
amma yavaş-yavaş onu daha uzun müddət daşıya biləcəyinizi şübhə altına alan ağırlıq növü.
Və fikir də elə buradan gəldi - ucadan yox, aydın şəkildə:
Bəlkə də dayanmalıyam.
Hər şeyi tərk etməmək.
Bildiklərimi rədd etməmək.
Sadəcə... irəliləməyi dayandır.
Qayıt — tam yox,
amma dincəlmək üçün kifayətdir.
Nəfəs almağa kifayətdir.
Daimi gərginlikdən qaçmaq üçün kifayətdir.

Bunyan bu andan heyrətamiz dərəcədə dürüstlüklə danışır. O, hətta başladıqdan, davam etdikdən, aydın gördükdən sonra belə geri dönməyin rahatlıq kimi hiss olunduğu anlar olduğunu gizlətmir.
Düzgün olduğuna görə yox.
Amma daha asan hiss olunduğuna görə.
Və burada çoxları sakit bir qırılma nöqtəsinə çatırlar.
Çünki sual artıq belə deyil:
Bu doğrudurmu?
Sual belə olur:
Buna davam gətirə bilərəmmi?
Bunu indi hiss edə bilərsiniz.
Harada:

- davam etmək ağır hiss olunur
- müqavimət göstərmək yorucu hissdir
- istiqamətinizi tutmaq rahatlama olmadan səy göstərmək kimi hiss olunur

Sən çaşqın deyilsən.
Sən yorğunsan.
Və yorğunluğun da səsi var.
Orada deyilir:

- *Sən kifayət qədər iş görmüsən*
- *Davamlı olaraq itələməyə ehtiyac yoxdur*
- *Hələlik fasilə verə bilərsiniz...*

Amma çox vaxt bunun mənası budur:
Geri dönməyə yaxınsan.
Dramatik deyil.
Amma tədricən.
Və burada yenidən aydınlıq tələb olunur.
Çünki geri dönüş nadir hallarda rədd edilmə ilə başlayır.
, rahatlıq axtarmaqla başlayır .
Bunyan bunu üsyan anı kimi təsvir etmədi.
O, bunu yorğunluq anı kimi təsvir etdi.
Yorğunluq, əgər fərqinə varılmazsa, sizi sakitcə yönləndirə bilər.

Bəs onda insan istəkdən, aldatmadan deyil, yorğunluqdan cazibə hiss etdikdə nə etməlidir? Davam etmək dayanmaqdan daha çətin və dayanmaq haqlı göründükdə?
O, yenidən qərar verməlidir.
Yolun doğru olub-olmaması deyil,
yorğun olsa belə, orada qalıb-qalmayacağı vacibdir.

Refleksasiya Sualları

- Hazırda davam etməkdən yorğun olduğumu harada hiss edirəm?
- Bu səyahətin hansı hissəsi ağır və ya yorucu hiss olunur?
- Geri çəkilmə kimi bir şəkildə "fasilə vermək" üçün harada meylliyəm?
- Geri çəkilməyi özümə nə ilə haqlı çıxarıram?
- Həqiqətə, yoxsa yorğunluğa cavab verirəm?

Dərin Əksolunma

Bunyan yalnız aydınlıq baxımından sınaqdan keçirilmədi.
dözümlülük baxımından sınanmışdı .
Bunu tanımalısınız:
Yorğunluq yoldan çıxdığınız anlamına gəlmir.
Amma əgər onu izləsəniz, yorğunluq sizi yoldan çıxara bilər.
Özünüzə sual verin:
Qərarlarımı həqiqətə əsaslanaraq verirəm,
yoxsa nə qədər yorğun olduğuma görə?
Məhz burada əzmkarlıq formalaşmağa başlayır.

Fəaliyyət Planı (Yalnız Bu Gün)

1. Ən çox yorğun hiss etdiyiniz yeri müəyyənləşdirin . Konkret olun.
2. Sizi yavaşlatmağa çalışan fikrin adını çəkin
3. Aydın qərar verin:
"Yorğun olduğum üçün geri dönməyəcəyəm."
4. Hər halda, irəliyə doğru kiçik bir addım atın, sadə, amma real olun

Dua

Tanrım,
davam etməyin ağırlığını hiss edirəm.
İnanmadığım üçün yox,
yorğun olduğum üçün.
geri dönmək ehtiyacı ilə səhv salmamağımda mənə kömək et .

Özümü yorğun hiss etsəm belə , sabit qalmaq üçün mənə güc ver .

hisslərlə deyil, qərarlarla davam etməyi öyrət .

Və həqiqətdə deyil, dözümlülükdə sınandığım bu yerdə məni dəstəklə .

Amin.

24-cü GÜN — Aydınlıq olmadan İrəli Seçim

Növbəti Nə Olacağını Bilmədən Davam Etməli Olduğunuz Zaman

"Gördüm ki, o, yoluna davam edir, baxmayaraq ki, başına nə gələcəyini bilmirdi."
— *Con Banyan, "Ziyarətçinin gedişi "*

Artıq məni istiqamətləndirmək üçün aydınlığa etibar edə bilmədiyim bir nöqtə gəldi.
Əvvəllər heç olmasa bir istiqamət hissim var idi. Hətta çətinliklər yarananda belə, niyə başladığımı bilirdim. Nə gördüyümü, nəyi geridə qoyduğumu bilirdim.
Amma indi bir şey dəyişdi.
Qarşıdakı yol artıq aydın deyildi.
Yoxa çıxdığı üçün yox,
əmin olmaq üçün kifayət qədər uzağı görə bilmədiyim üçün.
Mən hələ də hərəkət edirdim.
Amma artıq hər addımın hara aparacağını başa düşmürdüm.
Səyahətin fərqli olduğu yer budur.
Çünki indiyə qədər, heç olmasa qismən, anlayışla dəstəklənmişdim. Hətta çətinlik çəksəm belə, niyə davam etdiyimi izah edə bilirdim. Məntiqli, səyi doğruldan bir şeyə işarə edə bilirdim.
Amma indi mən bunu edə bilməzdim.
Mən yalnız davam edə bilərdim.
Bunyan bu cür hərəkəti sakit dəqiqliklə təsvir edir. Kristian həmişə tam biliklə yerimir. O, hətta detallar olmasa belə, **istiqamətlə yeriyir. O, hər şey izah edildiyi üçün deyil, hansı tərəfə üz tutacağını artıq müəyyən etdiyi üçün irəliləyir.**
Və burada çoxları yenidən tərəddüd edir.

Çünki aydınlıq təhlükəsizlik kimi hiss olunur.
Bu, quruluş verir.
Özünəinam verir. Nəzarətin sizin əlinizdə olduğu hissini verir.
Amma aydınlıq azaldıqda, başqa bir şey tələb olunur.
Anlamamaq.
Amma etibar.
Bunu indi hiss edə bilərsiniz.
Harada:

- Artıq qarşıda nələrin gözlədiyinə dair cavablarınız yoxdur
- Bundan sonra nə olacağını təxmin edə bilməzsən
- davam edirsən — amma bir vaxtlar sahib olduğun arxayınlıq olmadan

Və bu, fərqli bir gərginlik yaradır.
Tərk etdiyin şeydən qorxma.
Daxildəki münaqişədən qorxma.
Amma bundan sonra nə olacağı ilə bağlı qeyri-müəyyənlik.
Soruşmağa başlayırsan:
Bəs bu heç bir nəticə verməsə?
Bir şeyi səhv başa düşsəm? Davam etsəm və həll olunmasa?
Və dərhal cavab olmadığı üçün,
üsyandan deyil, ehtiyatdan dayanmaq istəyi yaranır.
Amma bu yol daha dərin bir şey tələb edir.
Çünki yalnız başa düşdükdə hərəkət etsəniz,
yalnız izahatınızın imkan verdiyi qədər irəliləyəcəksiniz.
Bunyan başqa bir şey göstərir.
, hər şeyi gördüyü üçün deyil, artıq kifayət qədər gördüyü üçün davam edən bir insanı göstərir .

Bəs qarşıdakı yol bəlli olmadığı və növbəti addımın tam izah edilə bilmədiyi bir vaxtda, yəni qətiliyə güvənə bilmədiyi və yenə də tərk etdiyi şeylərə qayıda bilmədiyi bir vaxtda insan nə etməlidir?
O, irəliyə doğru seçim etməlidir.
Anladığı üçün deyil,
artıq göstərilənlərə inandığı üçün.

Refleksasiya Sualları

- Növbəti nə olacağına dair harada özümü qeyri-müəyyən hiss edirəm?
- Davam etməzdən əvvəl nəyi başa düşməyə çalışıram?
- Aydınlığım olmadığı üçün harada dayanmaq istəyirəm?
- Hərəkət etməyə davam etmək üçün kifayət qədər nə gördüm?
- Hərəkət etməzdən əvvəl əminlik tələb edirəmmi?

Dərin Əksolunma

Bunyan aydınlığın qayıtmasını gözləmədi.
O, artıq aydınlaşdırılanlarla davam etdi.
Bunu tanımalısınız:
Növbəti addım üçün həmişə aydınlıq verilmir.
Bəzən artıq istiqamət üçün də verilib.
Özünüzə sual verin:
Davam etmək üçün kifayət edən artıq nəyi bilirəm?
Niyə daha çoxunu gözləyirəm?
Etibarın izahatla əvəz olunduğu yer budur.

Fəaliyyət Planı (Yalnız Bu Gün)

1. Aydınlıq gözlədiyiniz bir sahəni müəyyənləşdirin . Konkret olun.
2. Artıq doğru olduğunu bildiyiniz şeyi yazın
3. Aydın qərar verin:
   "Mən artıq bildiklərimlə irəliləyəcəyəm."
4. Tam anlayışa ehtiyac olmadan bir addım atın

Dua

Tanrım,
qarşıda nə olduğunu anlamaq istəyirəm.
əminlik, əminlik istəyirəm .

Amma indi görürəm ki, bütün bunlar məndə yoxdur.
Və yenə də davam etmək üçün kifayət qədər gücüm var.

Mənə artıq göstərdiyin şeylərə etibar etməyimə kömək et. Hər şeyi görə bilmədiyim üçün dayanmamağıma kömək et. Tam izahata ehtiyac duymadan irəliləmək üçün mənə cəsarət ver .

tam anlayışla deyil , etibarla yeriməyi öyrət .

Amin.

MƏRHƏLƏ 4 — Formalaşma (25–32-ci günlər)

İntizam, aydınlıq, kimlik, incəlik

25-ci GÜN — Qaçdığınız İntizam

İnkişaf yalnız niyyət deyil, struktur tələb etdikdə

"Gördüm ki, Tərcüməçi onun əlindən tutub xüsusi bir otağa apardı... və ona öyrənilməsi lazım olan şeyləri göstərdi."
— *Con Banyan, Zəvvarın Yürüşü*

Bu nöqtəyə çatmaq üçün çox əziyyət çəkdim.
Müqavimət, çaşqınlıq, ittihamlar və öz daxili mübarizəmin ağırlığı ilə qarşılaşmışdım. Geri dönməmişdim. Özümü güclü hiss etməsəm belə, yoluma davam etmişdim.
Və bəlkə də buna görə ən çətin hissənin geridə qaldığını düşündüm.
Mən səhv etmişdim.
Çünki sonrakı hadisələr çətinlik kimi hiss olunmurdu.
Bu, **tələb kimi hiss olunurdu** .
Kənardan təzyiq yox.
Daxildən münaqişə yox.
Amma sakit, sabit bir gözlənti:
İndi **fərqli yaşamağı öyrənəcəyim** .
Bunyan, Xristianın Tərcüməçinin evinə necə gətirildiyini təsvir edir - sınanmaq üçün deyil, formalaşmaq üçün . Ona şeylər göstərilir, şeylər öyrədilir, müşahidə etmək, anlamaq və mənimsəmək üçün yaradılır.
Və burada səyahət yenidən dəyişir.
Çünki bu vaxta qədər mən reaksiya verirdim.
Əminliyə reaksiya.
Müqavimətə reaksiya. Gördüklərimə və hiss etdiklərimə reaksiya.
ardıcıl bir şey qurmağım istənilirdi .
Və bu, o qədər də gərgin hiss olunmurdu.
Amma fərqli bir şəkildə daha çətin hiss olunurdu.
Çünki nizam-intizam təcililikdən asılı deyil.
, hər gün təkrarlanan seçimdən asılıdır .

Etməli olduğum şeylər var idi - hazırda özümü məcbur hiss etdiyim üçün deyil, onların zəruri olduğunu başa düşdüyüm üçün.
Tələb olunan şeylər:

- vaxt
- diqqət
- ardıcıllıq

Dərhal nəticə verməyəcək şeylər.
Və burada tərəddüd etdim.
Razı olmadığım üçün yox,
əvvəllər bu cür işlərdən yayındığım üçün.
Təcili anlarda reaksiya vermək,
sakit anlarda sabit qalmaqdan daha asandır.
Bunu indi hiss edə bilərsiniz.
Harada:

- Artıq böhran içində deyilsən
- artıq reaksiya vermirsən
- **nümunələr yaratmağınız** istənilir

Və bu fərqli hiss olunur.
Daha az dramatik.
Daha az nəzərə çarpan. Amma zamanla daha tələbkar.
Anlamağa başlayırsan:
Bu, mənim gəlməyimi tələb edəcək —
bir dəfə yox, dəfələrlə.
Bəs insan artıq intensivliklə irəliləməkdənsə, intizamla sabit qalmağı tələb edirsə, böyümə artıq reaksiya verməkdən deyil, davamlı bir şey qurmaqdan ibarətdirsə, bəs onda nə etməlidir?
O, struktur seçimini etməlidir.
Hiss etdiyi üçün yox,
anladığı üçün.

Refleksasiya Sualları

- Lazım olduğunu bilsəm də, hansı intizam tədbirlərindən qaçmışam?
- Harada ardıcıllığa deyil, intensivliyə etibar etmişəm?
- Mütəmadi olaraq nə etməli olduğumu bilirəm, amma hələ də müəyyən edə bilməmişəm?

- Əslində vacib olan "könüllü" nə hiss olunur?
- Tələbkar hiss etdiyim üçün strukturun harada müqavimət göstərdiyimi düşünürəm?

Dərin Əksolunma

Bunyan təkcə mübarizə yolu ilə idarə olunmadı.
formalaşmaya yönləndirildi .
Bunu tanımalısınız:
Böyümə təkcə intensivliklə davam etmir.
Onu dəstəkləyən bir quruluş tələb edir .
Özünüzə sual verin:
İrəliləməyə davam etmək istəyirəmsə, həyatımda nə ardıcıl olmalıdır ?

Yetkinlik burada formalaşmağa başlayır.

Fəaliyyət Planı (Yalnız Bu Gün)

1. Qaçındığınız bir intizam tədbirini müəyyən edin (Müqəddəs Kitabla vaxt keçirmək, dua etmək, düşünmək, təmkinli olmaq və s.)
2. Sadə və konkret olun.
   İddialı deyil, ardıcıl olun.
3. Bu gün müəyyən bir vaxtda məşq edin
4. Sabah təkrarlamağa söz verin
   . Nümunəni tətbiq etməyə başlayın.

Dua

Ya Rəbb,
mən təcili anlarda cavab vermişəm, amma həmişə ardıcıl qalmamışam.
İndi görürəm ki, böyümək niyyətdən daha çox şey tələb edir.
Bu, intizam tələb edir.
Qaçdığım şeyləri qurmağımda mənə kömək et.
Təcililik hiss etmədiyim zaman belə, ardıcıllığı seçməyimə kömək et.

Məndə formalaşdırdığın şeyləri dəstəkləyəcək nümunələr yaratmaq üçün mənə güc ver .

sakit bir şəkildə formalaşmaq işində sabit qalmağı öyrət .

Amin.

26-CI GÜN — Tələsməyi deyil, yeriməyi öyrənmək

Məqsəd istiqamətində irəliləyiş yavaşladıqda

"Gördüm ki, o, artıq əvvəlki kimi qaçmır, əksinə, yolu müşahidə edərək daha diqqətli addımlayır."
— *Con Banyan, "Ziyarətçinin gedişi "*

Başlanğıcda tez hərəkət etdim.
İçimdə bir təcililik var idi — bir şeyin səhv olduğunu, olduğum yerdə qala bilməyəcəyimi anlamaq. Gecikmədən hərəkətə keçmək, hərəkət etmək, cavab vermək ehtiyacı hiss edirdim.
Və mən də etdim.
Tez ayrıldım.
Sərt reaksiya verdim. İrəlilədim.
Amma indi bir şey dəyişmişdi.
Hələ də hərəkət edirdim — amma əvvəlki kimi deyildi.
Sürət yavaşlamışdı.
Yolunu azdığım üçün yox.
Zəiflədiyim üçün yox.
Amma mənə hələ öyrənmədiyim bir şey öyrədildiyi üçün:
Tələsikliklə deyil, **niyyətlə** necə yerimək olar.
Bunyan bu dəyişikliyi incə şəkildə göstərir. Kristian həmişə qaçmır. Sürətin **ehtiyatla əvəz olunduğu** , hərəkətin şüurlu, ölçülü və diqqətli olduğu anlar olur.
Və bu, reqressiya deyil.
Bu, formalaşmadır.
Çünki tələsmək səni tez irəli apara bilər, amma səni saxlaya bilməz.
Bu gərginliyi tanıya bilərsiniz.
Harada:

- intensivliklə başladın
- əvvəlcə tez hərəkət etdin
- amma indi temp daha yavaş hiss olunur

Və sənin möcüzələrinin bir hissəsi:
Təciliiyimi itirirəmmi?
Daha az ciddiləşirəmmi? Niyə bu, daha az təcili hiss olunur?
Amma bu, itki deyil.
Bu **keçiddir** .
Çünki təcililik səyahətə başlaya bilər.
Amma yalnız **davamlı gəzinti** onu davam etdirə bilər.
Tələsərkən öyrənə bilməyəcəyiniz şeylər var.
Müşahidə edə bilməzdin.
Fərq edə bilməzdin. Dözümlülük inkişaf etdirə bilməzdin.
Və beləliklə, temp dəyişir - səni yavaşlatmaq üçün deyil,
sənə necə davam etməyi öyrətmək üçün .
Və bu, fərqli bir çətinlik yaradır.
Çünki yavaşlama etibar tələb edir.
Bu o deməkdir:

- Artıq təzyiq altında deyilsən
- artıq reaksiya vermirsən
- intensivlik olmadan belə, ardıcıl qalmağı seçirsiniz

Və bu, tanış olmayan hiss oluna bilər.
Çünki səni heç kim məcbur etmir.
gəzməyiniz xahiş olunur .
Bəs bir vaxtlar onu narahat edən tələsiklik azalmağa başlayanda və səyahət artıq sürətli deyil, sabit hiss olunanda, yəni irəliləyiş artıq sürətlə deyil, ardıcıllıqla ölçüləndə, insan nə etməlidir?
O, yeriməyi öyrənməlidir.
Daha sürətli deyil.
Daha çətin deyil.
Amma **sədaqətlə** .

Refleksasiya Sualları

- Sabit yerimək əvəzinə, hara tələsmişəm?
- Tərəqqi sürətlə əlaqələndirirəmmi?
- Böyümə tempimdən harada səbirsizlənirəm?

- Çox tez hərəkət etməyə çalışdığım üçün nəyi əskik edirəm?
- İşlər yavaşlasa belə, ardıcıl qala bilərəmmi?

Dərin Əksolunma

Bunyanın zəvvarları həmişə qaçmırdı.
O, şüurlu şəkildə yeriməyi öyrənirdi.
Bunu tanımalısınız:
Sürət böyüməyə bərabər deyil.
Ardıcıllıq bərabərdir.
Özünüzə sual verin:
Tikilməsi lazım olan şeyi yavaş-yavaş tələsdirməyə çalışıram?
Dözümlülük məhz burada yetkinləşməyə başlayır.

Fəaliyyət Planı (Yalnız Bu Gün)

1. Tələsdiyiniz bir sahəni müəyyən edin (qərarlar, inkişaf, vərdişlər, gözləntilər)
2. Yanaşmanızı qəsdən yavaşlatın
3. tez deyil, **diqqətlə və ardıcıl şəkildə** etməyə diqqət yetirin
4. Sabah eyni tempi təkrarlayın

Dua

Tanrım,
təcililik hiss etdiyim zaman tez-tez irəli qaçmışam.
Amma indi görürəm ki, bu səyahəti
təkcə intensivliklə davam etdirə bilmərəm.
Mənə sabit yeriməyi öyrət.
Tələsik deyil, ehtiyatla hərəkət etməyi öyrət.
Məni hərəkətə gətirən sürətə deyil, məni formalaşdıran tempe etibar etməyimə kömək et .

səyahət gözlədiyimdən daha yavaş hiss olunsa belə , ardıcıl qalmaq üçün mənə lütf ver .

Amin.

27-Cİ GÜN — Qaranlıqda Gizlənən Güc

Heç kimin görmədiyi yerdə böyümə baş verəndə

"Həmçinin onun az diqqət yetirildiyi bir çox yerdən keçdiyini gördüm... amma o, yoluna davam etməkdən əl çəkmədi."
— *Con Banyan, "Ziyarətçinin Yürüşü"*

Əgər kifayət qədər davam etsəm, nəsə özünü göstərməyə başlayacağını gözləyirdim.
Dəyişdiyimi, irəlilədiyimi, içimdəki bir şeyin gücləndiyini göstərən — görünən, tanınan, təsdiqləyən — dəlillər olacaqdı.
Amma mən bunu tapmadım.
Tapdığım şey... sakitlik idi.
Təsəvvür etdiyim kimi sülh yox.
Hər şeyi açıq-aydın edən aydınlıq yox.
Amma bir növ gizlilik.
Hələ də yeriyirdim.
Hələ də seçim edirdim. Başladığım işi hələ də məşq edirdim.
Amma bununla bağlı heç bir tanınma yox idi.
Xarici təsdiq yox idi.
Görünən böyümə əlamətləri yox idi. Heç kimin — hətta mənim də — baş verənləri aydın görə biləcəyi mənasında deyildi.
Və bu, məni gözlədiyimdən daha çox narahat etdi.
Çünki içimdə hələ də **nəticə görmək istəyən bir şey var idi**
.
Tərəqqini ölçmək.
Bir şeyi göstərib "Bu işləyir" demək.
Amma bunun əvəzinə, məndə başqa bir şey qaldı:
Ardıcıllıq... görünürlük olmadan.
Bunyan bunu sakitcə, lakin həqiqətə uyğun şəkildə çəkir.
Səyahətdə dramatik heç bir şeyin baş vermədiyi uzun hissələr var. Böyük döyüşlər yoxdur. Həlledici anlar yoxdur.
Sadəcə hərəkət.

Sabit. Diqqət yetirilməmiş. Qeyd olunmamış.
Və yenə də, məhz bu yerlərdə daha dərin bir şey əmələ gəlir.
Çünki qaranlıqda qurulan şey
diqqətlə davam etdirilmir.
inancla dəstəklənir .
Bunu indi hiss edə bilərsiniz.
Harada:

- sən doğru olanı edirsən
- amma zahirən heç nə dəyişmir kimi görünür
- ardıcılsınız, amma təsdiqlənməmisiniz
- böyüyürsən, amma görünmürsən

Və bu, incə bir gərginlik yaradır.
Çünki görünürlük olmadığı üçün
motivasiya zəifləməyə başlayır.
Soruşmağa başlayırsan:
Həqiqətən də nəsə baş verirmi?
Bu, fərq yaradırmı? Niyə bu, bu qədər diqqətdən kənarda qalır?
Və bunun altında daha dərin bir istək var:
Görünmək üçün.
Təsdiqlənmək üçün. Səylərinizin boş yerə olmadığını bilmək üçün.
Amma formalaşmanın daha dərinə getdiyi yer budur.
Çünki böyüməniz görünməkdən asılıdırsa,
görünmədiyiniz zaman uzun sürməyəcək.
Bunyanın zəvvarı davam edir — ona görə yox ki, o, müşahidə olunur, ona görə ki, o, **qətiyyətlidir** .
O, heç kimin onun irəliləyişini qeyd etmədiyi, heç kimin onun istiqamətini təsdiqləmədiyi və heç bir xarici əlamətin irəliləyişdən xəbər vermədiyi yerlərdən keçir.
Və yenə də - o, davam edir.
Bəs insan böyüməsi gizli, irəliləməsi görünməyən və səyləri təsdiqlənməyəndə nə etməlidir? Tanınmadan, rəy bildirmədən, sübut olmadan davam etməli olduqda?
O, özünü fərqli şəkildə lövbər salmalıdır.
Görünən şeydə deyil,
əmələ gələn şeydə.

Refleksasiya Sualları

- Nəticə görmədən harada düzgün iş görürəm?
- Hansı hissəm hələ də tanınmağa və ya görünən irəliləyiş əldə etməyə çalışır?
- Heç nə baş vermədiyi üçün harada dayanmaq istəyirəm?
- Görünmədən davam etmək necə görünərdi?
- Nəticələrdən asılıyam, yoxsa təhsilə sadiqəm?

Dərin Əksolunma

Bunyanın səyahəti davamlı irəliləyişlərlə müəyyən edilməmişdir.
gizli sədaqətin uzun zolaqlarında formalaşmışdı .
Bunu tanımalısınız:
Bütün artım görünən deyil.
Amma bu, onu daha az real etmir.
Özünüzə sual verin:
Səyahətimdə bu hissəni heç kim görməsəydi,
yenə də davam edərdimmi?
Dərinlik burada formalaşır.

Fəaliyyət Planı (Yalnız Bu Gün)

1. Böyümənizin görünməz hiss olunduğu bir sahəni müəyyənləşdirin
2. Bunu açıq şəkildə etiraf edin:
   "Bu, görünməsə belə, vacibdir."
3. Nəticə gözləmədən bu gün eyni intizamı davam etdirin

4. Bu gün irəliləyişinizi qiymətləndirməyin,
   sadəcə ardıcıl qalın

Dua

Tanrım,
mən yeriyirəm, amma çox dəyişiklik görmürəm.
Düzgün olanı edirəm,
amma gizli, diqqətdən kənarda qalmış kimi hiss olunur.

Görünən şeylərə etibar etməməyimə kömək et.
Heç nə baş verməmiş kimi görünsə belə, sadiq qalmağıma kömək et.
Tanımağa ehtiyac duymadan davam etmək üçün mənə güc ver
.

Və məndə daha dərin bir şey formalaşdır -
görünməyə əsaslanmayan, itaətə əsaslanan bir şey.
Amin.

28-Cİ GÜN — Transformasiyanın Yavaş İşi

Dəyişiklik Baş Verəndə — Amma Gözlədiyiniz Yolla Deyil

"Gördüm ki, onun daxilindəki iş qəfil deyil... əksinə, bir çox sınaqlar və təlimlər vasitəsilə tədricən davam edir."
— *Con Banyan, "Grace Abounding" (mövzudan parafraz)*

Dəyişikliyin bundan daha aydın olacağını gözləyirdim.
Ani deyil - amma heç olmasa nəzərə çarpır.
Düşünürdüm ki, əgər yolda qalsam, ardıcıl qalsam, öyrənməyə başladığım şeyləri tətbiq etsəm, içimdə asanlıqla tanıya biləcəyim bir şey dəyişməyə başlayacaq.
Amma bunun əvəzinə tapdığım şey... tədricən idi.
O qədər tədricən ki, ölçmək demək olar ki, çətin idi.
Əvvəlki olduğum yerdə deyildim.
Amma hələ olacağımı düşündüyüm yerdə deyildim.
Və aradakı boşluq qeyri-müəyyən hiss olunurdu.
Çünki dramatik bir şey baş verməmişdi.
Hər şeyin dəyişdiyi aydın bir an yox idi.
Özümü yeni bir versiyaya çevirən qəfil bir irəliləyiş yox idi.
Yalnız daha sakit bir şey.
Nəsə yavaş-yavaş açılır — demək olar ki, səthin altında.
Bunyanın həyatı bu cür transformasiyanı heyrətamiz dürüstlüklə əks etdirir. Onun dəyişməsi hər şeyi həll edən tək bir hadisə deyildi. Bu, mübarizə, aydınlıq, residiv, böyümə və zamanla daha dərin anlaşma ilə xarakterizə olunan uzun bir proses idi.
O, bir anda dəyişmədi.
O, **zamanla formalaşdı** .
Və bu formalaşma həmişə irəliləyiş kimi hiss olunmurdu.
Çox vaxt təkrar kimi hiss olunurdu.

Eyni dərslərə qayıtmaq.
Eyni gərginliklə üzləşmək. Eyni intizam qaydalarına əməl etmək.
Və merak edir:
Niyə bu qədər uzun çəkir?
Bunu indi hiss edə bilərsiniz.
Harada:

- sən əvvəlki kimi deyilsən
- amma sən hələ gözlədiyin kimi deyilsən
- ardıcılsınız, amma təsəvvür etdiyiniz şəkildə dəyişməmisiniz

Və bu, incə bir məyusluq yaradır.
Çünki biz tez-tez transformasiyanın görünən olmasını gözləyirik.
Fərqli hiss etmək.
Fərqli görünmək. Aydın şəkildə çatmaq.
Amma əsl transformasiya nadir hallarda özünü göstərir.
Səssizcə qurulur...
Təbəqə-təbəqə.
Seçim seçimə görə. Gündən-günə.
Və yavaş olduğu üçün
heç bir şey baş verməmiş kimi hiss oluna bilər.
Amma bu doğru deyil.
Yavaş olan çox vaxt
dərin olandır .
Sürətli dəyişiklik davranışı dəyişdirə bilər.
Yavaş dəyişiklik şəxsiyyəti yenidən formalaşdırır.
Bunyan bir anlıq aydınlıq gətirərək kim olduğuna çevrilə bilmədi.
, bu prosesdə dözümlülük sayəsində kim olduğuna çevrildi .
Bəs dəyişiklik baş verərkən — amma onu qane edəcək qədər tez baş verməyəndə — kişi nə etməlidir? O, böyüyərkən — amma dərhal və ya aşkar hiss olunmayan şəkildə?
O, qalmalıdır.
Nəticəni gördüyü üçün deyil,
prosesə etibar etdiyi üçün.
Refleksasiya Sualları

- Böyümə tempimdən harada narazılıq hiss edirəm?
- Dəyişikliyin necə hiss olunması ilə bağlı hansı gözləntilərim var?
- Kiçik irəliləyişləri dramatik olmadığı üçün harada görməzdən gəlirəm?
- Məni formalaşdıran hansı nümunələri təkrarlayıram?
- Dəyişiklik tədricən davam etsə belə, davam etməyə hazırammı?

Dərin Əksolunma
Bunyanın dəyişməsi dərhal baş vermədi.
Davam etdirildi.
Bunu tanımalısınız:
Yavaş durğunluq demək deyil. Çox vaxt
dərinləşmək deməkdir .
Özünüzə sual verin:
Hal-hazırda içimdə nə formalaşır
ki, hələ tam görə bilmirəm?
Səbirin vacib olduğu yer budur.

Fəaliyyət Planı (Yalnız Bu Gün)
1. Dəyişikliyin yavaş hiss olunduğu bir sahəni müəyyənləşdirin
2. Böyüdüyünüz kiçik bir yolu yazın (kiçik görünsə belə)
3. Bunu etiraf edin: "Bu, prosesin bir hissəsidir."
4. Dərhal nəticə gözləmədən bu gün eyni intizamı davam etdirin

Dua
Tanrım,
dəyişikliyi daha aydın görmək istəyirəm.
İrəliləyiş hiss etmək istəyirəm.
Nəsə baş verdiyini bilmək istəyirəm.

Amma indi görürəm ki, Sənin məndə etdiyin
tələsik deyil.
Yavaş işə etibar etməyimə kömək et.
Böyüməni asanlıqla ölçə bilməsəm belə, sabit qalmağıma kömək et.
Bu prosesdə mənə səbir ver
və tədricən baş verənlərdən ruhdan düşməyimdən qoru.
yalnız zamanın və itaətin yarada biləcəyi şeyləri məndə formalaşdırmağa davam et .

Amin.

29-CU GÜN — İtaətkarlıq təbii hala gələndə

Bir Zamanlar Məcburi Hiss Edilən Şeylər Köklənməyə Başlayan Zaman

"Gördüm ki, o, daha sakit bir templə yoluna davam edir... məcburi olaraq deyil, qətiyyətlə."
— *Con Banyan, Zəvvarın Yürüşü*

Nəsə dəyişməyə başlamışdı.
Birdən yox.
Dramatik şəkildə yox.
Amma nəzərəçarpacaq dərəcədə.
Bir vaxtlar çətin görünən - müqavimət göstərilən, təxirə salınan, danışıqlar yolu ilə həll edilən - şeylər var idi ki, indi daha az səylə edirdim. Düşünmədən, şüursuz deyil, amma bir vaxtlar onları müşayiət edən eyni daxili mübarizə olmadan.
Mən hələ də seçim edirdim.
Amma seçim artıq o qədər də ağır hiss olunmurdu.
Əvvəllər səy tələb edən şey
indi **daha az müqavimət tələb edirdi** .
Və bu məni təəccübləndirdi.
Çünki gərginliyə, daxili münaqişəyə, özümü doğru bildiyim şeylərlə ayaqlaşmaq məcburiyyətində qalmağa öyrəşmişdim.
Amma indi nəsə dəyişirdi.
Mükəmməl deyil.
Tamamilə deyil.
Amma səmimi olaraq.
Bunyan səyahətdəki bu irəliləyişi əks etdirir. Kristianın artıq tərəddüd və ya çaşqınlıqla deyil, bir növ **sabit bir istiqamətlə hərəkət etdiyi anlar var** . Yolun dəyişdiyinə görə deyil, onun daxilində nəsə dəyişdiyinə görə.
Artıq reaksiya vermir.
O, çevrilir.

Və bu, intizam davam etdikdə baş verir.
Səylə başlayan şey
nümunəyə çevrilir.
Nümunə kimi başlayan şey
vərdiş halına gəlir.
Vərdiş halına gələn şey
şəxsiyyəti formalaşdırmağa başlayır.
Bunu indi fərq edə bilərsiniz.
Harada:

- Bir vaxtlar çətin hiss olunan bir şey indi daha təbiidir
- Əvvəllər müqavimət göstərdiyiniz şeyləri indi daha tez qəbul edirsiniz
- tələb olunan qüvvə indi daha az səy tələb edir

Və yenə də, buna göz yummaq olar.
Çünki dramatik hiss olunmur.
Bu... normal hiss olunur.
Və bu normal hiss olunduğu üçün,
bunu böyümə kimi qəbul etməyə bilərsiniz.
Amma bu, formalaşmanın ən bariz əlamətlərindən biridir.
Hər şey mükəmməl olduqda deyil, bir vaxtlar qeyri-təbii olan şeylər
uyğunlaşmağa başlayanda .
Yenə də burada diqqətli olmaq lazım olan bir şey var.
Çünki itaət asanlaşdıqda,
o, həmçinin... diqqətdən kənarda qala bilər.
Başlaya bilərsiniz:

- bunu adi hal kimi qəbul edin
- qəsdən olmağı dayandırın
- diqqətsiz davam edəcəyini düşünün

Amma formalaşan şey hələ də **qorunub saxlanılmalıdır** .
Bunyanın zəvvarı sadəcə yol tanış olduğu üçün ehtiyatla yeriməyi dayandırmır. O, narahatlıqla deyil, şüurla yoluna davam edir.
Çünki hətta oturaq naxışlar **belə diqqət tələb edir** .
Bəs itaətkarlıq artıq əvvəlki kimi çətin hiss olunmadığı zaman insan nə etməlidir? Bir vaxtlar səy tələb edən şey təbii görünməyə başlayanda?

O, diqqətsizliyə qapılmamalıdır.
sabitliyə dərinləşməlidir .

Refleksasiya Sualları

- Bir vaxtlar çətin olan nə mənim üçün asanlaşdı?
- Gözardı etdiyim sakit böyüməni harada görürəm?
- Ardıcıl olaraq hansı nümunələri formalaşdırmağa başlayıram?
- Tərəqqini haradan normal qəbul etməyə başlaya bilərəm?
- Hələ də təbii hala gələn şeylərdə şüurluyam?

Dərin Əksolunma

Bunyanın zəvvarları təkcə çətinlik çəkmədilər.
O, **sabitləşdi** .
Bunu tanımalısınız:
İtaətkarlıq təbii hala gəldikdə,
formalaşma kök salır.
Özünüzə sual verin:
Bir vaxtlar çətin hiss olunandan indi nə fərqli hiss olunur ?

Bu kiçik deyil.
Bu dəyişiklikdir.

Fəaliyyət Planı (Yalnız Bu Gün)

1. İtaətkarlığın daha asanlaşdığı bir sahəni müəyyən edin
2. Bunu açıq şəkildə etiraf edin:
   "Bu, böyümədir."
3. Bunu bu gün qəsdən gücləndirin.
   Bunu avtopilotla deyil, şüurla edin.
4. Bunu fərz etmədən, qorumağa sadiq olun

Dua

Tanrım,
görürəm ki, içimdə nəsə dəyişməyə başlayır.

Bir vaxtlar çətin görünən şey
getdikcə daha təbii hala gəlir.
Bunu görməzdən gəlməməyimə kömək et.
Bunu adi bir şey kimi qəbul etməməyimə kömək et.
İçimdə formalaşanları qorumaq üçün mənə şüur ver .

Kök salmağa başlayan şey
sabit, ardıcıl və davamlı olsun.
böyüməyə davam etdikcə məni diqqətsizlikdən qoru .

Amin.

30-CU GÜN — Köhnə Nümunələrin Ölümü

Bir vaxtlar sizi təyin edən şey öz əhəmiyyətini itirməyə başlayanda

"Bir vaxtlar sevdiyim şeylərdən indi nifrət etdiyimi gördüm;
bir vaxtlar nifrət etdiyim şeyləri isə sevməyə başladım."
— *Con Banyan, "Grace Abounding"*

Əvvəllər düşünmədən geri qayıtdığım şeylər var idi.
Təbii hiss olunan naxışlar.
Avtomatik hiss olunan reaksiyalar. Şübhə etmədiyim düşüncə, cavab və seçim tərzləri - çünki onlar uzun müddətdir mənimlə birlikdə idilər.
Onlar həmişə aşkar deyildi.
Həmişə görünən də deyildi.
Amma onlar ardıcıl idilər.
Və onlar ardıcıl olduqları üçün
özümü necə başa düşdüyümün bir hissəsinə çevrildilər.
Mən də beləyəm.
Amma nəsə dəyişməyə başlamışdı.
Birdən yox.
Tamamilə yox.
Amma şübhəsiz ki.
İndi elə anlar olurdu ki, həmin naxışlar artıq əvvəlki kimi təbii görünmürdü. Əvvəllər tərəddüd etmədən irəlilədiyim şeylərə indi fasilə verirdim. İçimdəki bir şey bir vaxtlar qəbul etdiyim şeylərə müqavimət göstərirdi.
Və bu... tanış olmayan hiss olunurdu.
Çünki mən hələ o vərdişlərdən azad deyildim.
Amma artıq onların içində tam rahat deyildim.

Bunyan bu dəyişikliyi dərin aydınlıqla təsvir edir. O, təkcə davranışda deyil, həm də **sevgidə** - istədiyi, cəlb olunduğu, daxilən razılaşdığı şeylərdə də bir dəyişiklikdən danışır.
Bir vaxtlar uyğun görünən şey
yersiz hiss olunmağa başladı.
Və burada bir şey **ölməyə başlayır** .
Hamısı birdən yox.
Amma tədricən.
Çünki köhnə naxışlar dərhal yox olmur.
Onlar zəifləyirlər.
Onlar nüfuzlarını itirirlər.
Rahatlıqlarını, mənsubiyyət hisslərini itirirlər.
Və bu prosesdə özünüzü arada tapırsınız.
Artıq əvvəlki kim deyilsən.
Hələ tam olaraq kim olmağa başladığın deyil.
Və bu məkan qeyri-sabit hiss oluna bilər.
Çünki köhnə hələ tam olaraq yox olmayıb,
yenisi də tam olaraq qurulmayıb.
Bunu indi hiss edə bilərsiniz.
Harada:

- bir vaxtlar qayıtdığınız bir şey indi səhv hiss olunur
- Bir vaxtlar qəbul etdiyiniz bir şey indi səhv görünür
- Bir vaxtlar haqlı çıxardığınız bir şey indi davam etdirmək çətin görünür

Və yenə də, tamamilə yox olmayıb.
Hələ də görünür.
Hələ də zəng edir. Hələ də dəvət edir.
Amma artıq əvvəlki kimi uyğun gəlmir.
Və bu, gərginlik yaradır.
artıq avtomatik olmayanı seçməlisiniz .

Bunyan bunu ani qələbə kimi təsvir etmədi.
O, bunu **istiqamət dəyişikliyi kimi təsvir etdi** .
Hər şey tam həll olunmazdan əvvəl belə , ürəyin fərqli hərəkət etməyə başladığı yer .

Bəs köhnə vərdişlər öz təsirini itirməyə başlayanda, amma hələ də onu tam azad etməyəndə, bir vaxtlar onu müəyyən edən şeydə özünü evdəki kimi hiss etməyəndə, amma yenə də onun varlığını hiss edəndə kişi nə etməlidir?
O, solmaqda olan şeyə qayıtmamalıdır.
O, formalaşan şeylərə doğru davam etməlidir.

Refleksasiya Sualları

- Həyatımda hansı naxışlar artıq təbii və ya düzgün hiss olunmur?
- Əvvəllər etdiyim şeylərlə indi hiss etdiklərim arasında harada gərginlik hiss edirəm?
- Nələri geridə qoymuşam, amma tamamilə geridə qoymamışam?
- Artıq uyğun olmayan bir şeyə qayıtmaq üçün harada həvəsliyəm?
- İstədiyim şeydə nə dəyişməyə başlayır?

Dərin Əksolunma

Bunyan bir gecədə fərqli olmadı.
Amma o, artıq eyni qala bilmirdi.
Bunu tanımalısınız:
Bir şey yerində olmadığı kimi hiss olunmağa başlayanda,
bu, çox vaxt artıq aid olmadığı üçün baş verir.
Özünüzə sual verin:
Artıq kim olduğuma uyğun gəlməyən nədir?
Köhnə naxışların gücünü itirməyə başladığı yer budur.

Fəaliyyət Planı (Yalnız Bu Gün)

1. Artıq uyğunlaşmamış hiss olunan köhnə bir nümunəni müəyyənləşdirin
2. Bunu açıq şəkildə etiraf edin:
   "Bu, artıq mənim həyatımda deyil."
3. Bu gün görünəndə — fasilə verin.
   Avtomatik cavab verməyin
4. Tanış olmasanız belə, fərqli seçin

Dua

Tanrım,
görürəm ki, içimdə nəsə dəyişir.
Əvvəllər təbii görünən şey
artıq özünü doğru hiss etmir.
Amma mən hələ də ortadayam —
tam azad deyiləm, tam formalaşmamışam.
Solğunlaşan şeyə qayıtmamağımda mənə kömək et .

Tanış olmadığım zaman belə fərqli seçim etmək üçün mənə güc ver .

artıq aid olmayanı aradan qaldırmaq və aid olanı yaratmaq kimi məndəki işi davam etdir .

Amin.

31-ci GÜN — Yeni Özünü Tanımaq

Kimə çevrildiyinizi görməyə başlayanda

"Gördüm ki, o, artıq əvvəlki kimi deyil... üzündə və arabasında bir dəyişiklik var idi."
— *Con Banyan, "Ziyarətçinin gedişi"*

Elə bir vaxtlar var idi ki, kim olduğumu dəqiq bilirdim.
Ona görə yox ki, mən bunu dərindən araşdırmışdım, amma uzun müddətdir ki, ardıcıl olaraq qalmışdı.
Reaksiyalarım əvvəlcədən bilinən idi.
Nümunələrim tanış idi. Cavablarım da eyni yolları izlədi.
Kim olduğum barədə düşünməyə ehtiyac yox idi.
Mən sadəcə yaşadım.
Amma indi nəsə fərqli idi.
Tamamilə deyil.
Tam formalaşmayıb.
Amma diqqət yetirmək üçün kifayətdir.
Elə anlar olurdu ki, dayanırdım — çünki əmin deyildim, amma artıq əvvəlki kimi reaksiya vermədiyim üçün. Eyni reaksiyanı doğuran vəziyyətlər indi... fərqli hiss olunurdu.
Məcburi deyil.
Süni deyil.
Amma dəyişib.
Və bu, qəribə bir şüur yaratdı.
Çünki artıq əvvəlki kim olduğumu tam olaraq eyniləşdirə bilmirdim.
Amma hələ kimə çevrildiyimi tam olaraq müəyyən edə bilməmişdim.
Mən arada idim.
Bunyan bu transformasiyanı təkcə hərəkətdə deyil, həm də varlıqda əks etdirir. Kristian özünü fərqli aparmağa başlayır - dəyişmiş görünməyə çalışdığı üçün deyil, daxilində nəsə dəyişdiyi üçün.

Onun istiqaməti artıq qeyri-müəyyən deyil.
Hərəkəti artıq reaktiv deyil. Duruşu daha dərin bir şeyi əks etdirir.
Və burada şəxsiyyət formalaşmağa başlayır.
Bəyan etdiyiniz şeylərdə deyil,
necə ardıcıl yaşadığınızda.
Bunu indi görməyə başlaya bilərsiniz.
Harada:

- Artıq əvvəlki kimi reaksiya vermirsən
- düşüncə tərzinizdə, seçimlərinizdə və reaksiyalarınızda fərqlər hiss edirsiniz
- İçinizdəki bir şey daha sabit hiss olunur - hətta tam olmasa belə

Və yenə də bu, qeyri-müəyyən görünə bilər.
Çünki şəxsiyyət birdən-birə dəyişmir.
O, ortaya çıxır.
Tədricən.
Sakitcə. Təkrarlama və hizalama yolu ilə.
Və tədricən baş verdiyi üçün
adını çəkməkdə tərəddüd edə bilərsiniz.
Düşünə bilərsiniz:
Hələ ki, kifayət deyil.
Tam deyil. Hələ də üzərində işləyirəm.
Və bu doğrudur.
Amma nəsə başlayıb.
Və bu, tanınmalıdır.
Çünki tanımadığınız bir şeyi
tam olaraq anlamaya bilərsiniz.
Bunyanın zəvvarı dayanıb özünü kamil elan etmir.
Amma o, kim olduğunu və hara getdiyini getdikcə daha aydın şəkildə anlayaraq yeriyir.
Bəs insan artıq əvvəlki kimi olmadığını, amma hələ tam olaraq kim olacağını anlamadığı zaman, şəxsiyyət formalaşmaqdadır, amma hələ tamamlanmamış zaman nə etməlidir?
O, bunu etiraf etməlidir.
Tamamlama kimi deyil,
istiqamət kimi .

Refleksasiya Sualları

- Artıq hansı cəhətdən əvvəlki kimi deyiləm?
- Cavablarımda və ya düşüncə tərzimdə hansı dəyişiklikləri hiss etməyə başladım?
- Hələ də özümü harada "arada" hiss edirəm?
- Şəxsiyyətimin hansı hissəsi formalaşmağa başlayır?
- Böyüməni — hətta tam olmasa belə — qəbul etməyə hazırammı?

Dərin Əksolunma

Bunyanın zəvvarının siması dərhal dəyişmədi.
Amma o, açıq-aydın **fərqli hala gəlirdi** .
Bunu tanımalısınız:
Kimlik bir anda elan edilmir.
O, ardıcıl dəyişikliklə ortaya çıxır.
Özünüzə sual verin:
Əvvəllər doğru olmayan, indi mənim haqqımda doğru olan nədir ?

Məhz burada şəxsiyyət sabitləşməyə başlayır.

Fəaliyyət Planı (Yalnız Bu Gün)

1. Dəyişdiyiniz üç yolu yazın
2. Onları aydın şəkildə qəbul edin:
   "Mən bu insana çevrilirəm."
3. Bu gün bir vəziyyət seçin
   və bu yeni kimlikdən cavab verin
4. Bunu avtomatik olaraq deyil, şüurlu şəkildə edin

Dua

Ya Rəbb,
görürəm ki, artıq əvvəlki kimi deyiləm.
Tam olaraq olduğum yerdə olmasam belə,
içimdə nəsə dəyişib.

Məndə nəyi formalaşdırdığını anlamağıma kömək et.
Bu yolda getməyimə kömək et — əvvəlki kimi yox, məni formalaşdırdığın kimi.
Bu prosesdə mənə aydınlıq ver
və nəyin formalaşdığını anlamaq üçün inam ver.
Və məndə
bu yeni kimliyi əks etdirən bir həyat qurmağa davam et.
Amin.

32-Cİ GÜN — Dar Yolda Sabitlik

Ardıcıllıq Yeni Təməlinizə çevrildikdə

"Gördüm ki, o, nə sağa, nə də sola dönərək əminliklə yoluna davam edir."
— *Con Banyan, Zəvvarın Yürüşü*

Hər addımın qeyri-müəyyən olduğu bir vaxt var idi. istiqamətimi, qərarlarımı, hətta davam etmək istəyimi belə sorğu-sual etdim .

az qala geri döndüyüm anlar da oldu .

Amma indi... bir şey həll olunmuşdu.
Hər şey aydın deyildi.
Hər şey asan da deyildi.
Amma artıq qeyri-sabit deyildim.
Artıq mənə qarşı gələn hər fikir, hər hiss, hər təzyiqlə hərəkət etmirdim. Hərəkətimin altında sabit bir şey var idi - hazırda necə hiss etdiyimdən asılı olmayan bir şey.
Mən hələ də yeriyirdim.
Amma indi mən **möhkəmlənmişdim** .
Bunyan bu cür irəliləyişi sakit bir güclə təsvir edir. Kristian artıq asanlıqla yayındırılmır. Artıq hər səs, hər seçim, hər yayındırıcı şey onu yoldan çıxarmır.
O, yolu öyrənib.
Təkcə nəzəriyyədə deyil,
praktikada da.
Və buna görə də, o, artıq asanlıqla hərəkətə gətirilmir.
Bunu indi hiss etməyə başlaya bilərsiniz.
Harada:

- Əvvəlki kimi asanlıqla sarsılmırsan
- diqqətinizi yayındırmaq və ya yayındırmaq o qədər də asan deyil
- Hətta çətinliklər yarananda belə, daha ardıcılsınız

Və bu, əvvəlki mərhələlərdən fərqlidir.
Çünki əvvəllər hərəkətiniz tez-tez reaktiv idi.
İndi **köklənib** .
Əvvəllər xatırlatmalara ehtiyacınız var idi,
indi isə istiqaməti özünüzdə daşıyırsınız.
Əvvəllər nə edəcəyinizi öyrənirdiniz, indi isə
bunu ardıcıl olaraq edən birinə çevrilirsiniz .
Və yenə də, burada vacib bir şey var.
Çünki sabitlik gəlişlə eyni deyil.
Sən hələ bitirməmisən.
Səyahəti başa vurmamısınız.
Amma sən... **sabitləşmisən** .
Və bu sabitlik qorunmalıdır.
Çünki bir şey ardıcıl hala gəldikdən sonra,
o, həmçinin fərz edilə bilər.
Düşünməyə başlaya bilərsiniz:
Ritmimi tapmışam.
Artıq bunun necə işlədiyini bilirəm. Bu qədər diqqətli olmağıma ehtiyac yoxdur.
Amma Bunyanın zəvvarı ehtiyatsızlığa qapılmır.
O, şüurlu şəkildə davam edir.
Çünki sabitlik əldə edib unutduğunuz bir şey deyil.
qoruyub saxladığınız bir şeydir .
Bəs insan sabit bir ritm tapdıqda, yolu artıq qeyri-müəyyən və addımları artıq qeyri-sabit olduqda nə etməlidir?
O, əmələ gələni qorumalıdır.
Qorxu ilə yox.
Amma diqqətlə.

Refleksasiya Sualları

- Hansı sahələrdə daha sabit və ardıcıl oldum?
- Artıq harada asanlıqla sarsılmayacağam və ya diqqətim yayınmayacaq?
- Həyatımda hansı qanunauyğunluqlar formalaşıb?

- Bu sabitliyi haradan normal qəbul etməyə başlaya bilərəm?
- İçimdə formalaşanları necə qoruyub saxlaya bilərəm?

Dərin Əksolunma

Bunyanın zəvvarlığı yalnız başlamadı.
, yolda sabitləşdi .
Bunu tanımalısınız:
Sabitlik böyümənin sonu deyil.
Bu, sonrakıların təməlidir.
Özünüzə sual verin:
İndi qorunmalı olan məndə sabitləşən nə var ?

Yetkinlik burada özünü göstərməyə başlayır.

Fəaliyyət Planı (Yalnız Bu Gün)

1. Sabitləşdiyiniz bir sahəni müəyyənləşdirin
2. Bunu etiraf edin:
   "Bu, artıq mənim kim olduğumun bir hissəsidir."
3. Bu gün onu qəsdən gücləndirin.
   Fərz etməyin - şüurlu şəkildə məşğul olun
4. Bu ardıcıllığı təhdid edən kiçik bir diqqəti yayındırın

Dua

Ya Rəbb,
görürəm ki, Sən məni sabit bir yerə gətirmisən.
Artıq əvvəlki kimi qeyri-sabit deyiləm.
Artıq o qədər də asanlıqla təsirlənmirəm.
Bunu adi bir şey kimi qəbul etməməyimə kömək et.
Məndə yaratdığın şeyləri qorumağıma kömək et.
ardıcıl hala gələni qorumaq üçün məlumat ver .

Və məni gücləndirməyə davam et
ki, yoldan çıxmayım, yolumda sabit olum.
Amin.

MƏRHƏLƏ 5 — Dözümlülük və Gəliş (33–40-cı günlər)

Dözümlülük, yetkinlik, tamamlanma, istismara verilmə

33-cü GÜN — Davamlılığın Yorğunluğu

Ardıcıl Qalmaq Güclü Başlamaqdan Çətin Hiss Etdikdə

"Həyatımdan bezmişdim... amma təslim olmağa cəsarət etmədim."
— *Con Banyan, "Grace Abounding"*

Mübarizədən qaynaqlanan bir növ yorğunluq var.
davam etməkdən irəli gələn başqa bir növ də var .
Mən artıq çox şeyə dözmüşdüm.
Müqavimət, münaqişə, intizam və formalaşma mərhələlərindən keçmişdim. Sabit qalmağı öyrənmişdim.
Nümunələr qurmuşdum. Əvvəlkindən daha ardıcıl olmuşdum.
Amma indi fərqli bir şey üzə çıxmağa başladı.
Müqavimət yox.
Çaşqınlıq yox.
Amma **yorğunluq** .
Dərhal dayanmağa məcbur edən növ deyil.
Amma sakitcə soruşan növ:
Nə qədər belə davam etməliyəm?
Çünki artıq heç nə yeni deyil.
Yol aydındır.
Nizam-intizam müəyyən edilib. İstiqamət artıq sual altında deyil.
Amma səy... qalır.
Və burada daha dərin bir şeyin sınaqdan keçirildiyi yer budur.
dözümlülüklə davam etməkdənsə, intensivliklə başlamaq daha asandır .

Bunyan bu yerdən dürüstlüklə danışır. O, həmişə güclü, həmişə əmin, həmişə enerjili hiss edən bir insanı təsvir etmir.
, yorğun halda davam edən bir kişini təsvir edir .

Özünüzü yaxşı hiss etdiyiniz üçün yox.
Asanlaşdığınız üçün yox.
Amma çünki o, dayanmaq üçün çox irəli getmişdi
.
Bunu indi hiss edə bilərsiniz.

Harada:

- hələ də doğru olanı edirsən
- hələ də nizamlı şəkildə gedirsən
- amma təkrarın ağırlığını hiss edirsən

Onda heç bir həyəcan,
sizi irəli aparan heç bir tələsiklik yoxdur.
Sadəcə... davamı.
Və davamı ağır hiss oluna bilər.
Çünki artıq reaksiya vermirsən.
Sən davam etdirirsən.
Və davamlılıq motivasiyadan daha dərin bir şey tələb edir.
Bu, **emosional mükafat olmadan dözümlülük tələb edir** .
Düşünməyə başlaya bilərsiniz:
Niyə bu qədər yorucu hiss olunur?
Niyə indi əvvəlkindən daha çətin hiss olunur? İndiyə qədər bu, daha asan olmalı deyilmi?
Amma bu, bir şeyin səhv olduğuna işarə deyil.
gerçək olduğuna işarədir .
Çünki istənilən formasiyanın son hissəsi intensivliklə qeyd olunmur.
Yorğunluq altında tutarlılıqla xarakterizə olunur .
Bunyan özünü güclü hiss etdiyi üçün səyahətini başa vura bilmədi.
Yorğun hiss edəndə dayanmadığı üçün işini bitirdi .

Bəs onda artıq başlamaq üçün deyil, davam etmək üçün mübarizə aparan bir insan nə etməlidir? Heç bir problem olmadığı, amma hər şeyin ağır olduğu hiss olunduğu bir vaxtda?
O, hisslərdə güc axtarmamalıdır.
qərar verməkdə özünü möhkəmləndirməlidir .

Refleksasiya Sualları

- Hazırda davam etməkdən yorğun olduğumu harada hiss edirəm?
- Həyatımın hansı hissəsi təkrarlanan və ya yorucu hiss olunur?
- Səhv olduğuna görə yox, yorğun olduğuma görə harada yavaşlamağa meylliyəm?
- Artıq hiss etmədiyim bir şeyi hiss etməyi gözləyirəm?
- Mən motivasiyaya, yoxsa öhdəliyə güvənirəm?

Dərin Əksolunma

Bunyan gərginliklə sona çatdıra bilmədi.
O, dözümlülüklə başa vurdu.
Bunu tanımalısınız:
Yorğunluq dayanmaq üçün bir siqnal deyil.
Bu, nəyin əmələ gəldiyini sınamaq üçün bir yoldur.
Özünüzə sual verin:
Enerjim olmasa belə, davam edəcəyəmmi ?

Tamamlanmanın formalaşmağa başladığı yer budur.

Fəaliyyət Planı (Yalnız Bu Gün)

1. Özünüzü yorğun hiss etdiyiniz bir sahəni müəyyənləşdirin
2. Aydın şəkildə adlandırın:
   "Yoruldum - amma davam edəcəyəm."
3. Hazır hiss etməyi gözləmədən bu gün də eyni intizamı tətbiq edin

4. Sadə saxlayın - amma qaçırmayın

Dua

Tanrım,
davam etməyin ağırlığını hiss edirəm.
Çaşqın olduğum üçün yox,
yorğun olduğum üçün.

Sadəcə yorğun olduğum üçün dayanmamağıma kömək et .

Mənə hisslərdən kənar güc ver.
Mənə motivasiyadan kənar dözüm ver.
Mənə xoş hiss etdiyim üçün deyil, doğru olduğum üçün davam etməyi öyrət .

içimdə tamamlanma prosesinin formalaşdığı bu yerdən keçir .

Amin.

34-cü GÜN — Artıq heç nə yeni hiss olunmayanda

İman hisslər olmadan davam etdikdə

"Davam etdim... baxmayaraq ki, rahatlığım az, qaranlığım çox idi."
— *Con Banyan, "Grace Abounding"*

Hər şeyin gərgin olduğu bir vaxt var idi.
Hər addım əhəmiyyətli hiss olunurdu.
Hər bir dərk kəskin hiss olunurdu. Hər hərəkət ağırlıq və şüur daşında idi.
Hər şeyi gördüm.
Nələri tərk edirdim.
Nə öyrənirdim. Nəyə çevrilirdim.
Amma indi bir şey dəyişmişdi.
İstiqamətdə deyil.
Öhdəlikdə deyil.
Amma **hissdə** .
Artıq heç nə yeni hiss olunmurdu.
Yol tanış idi.
İntizamlar müəyyən edilmişdi. Seçimlər artıq əvvəlki kimi çətin deyildi.
Amma onlar artıq... əvvəlki hiss etdikləri kimi canlı deyildilər.
Və bu məni narahat etdi.
Çünki hərəkəti hisslə əlaqələndirməyə başlamışdım.
İntensivliklə irəliləyiş.
Şüurla böyümə.
Amma indi davam edirdim — onsuz da.
Və bu məni sual altına saldı:
Nəsə çatışmır?
Nəsə itirmişəmmi? Niyə bu... adi hiss olunur?
Bunyan buradan sakit və dərin bir şəkildə danışır. Elə fəsillər olurdu ki, o, rahatlıq, aydınlıq, bir vaxtlar hiss etdiyi yaxınlıq hissi olmadan gəzirdi.

Yolunu itirdiyinə görə yox.
Amma hisslərdən asılılıqdan kənara çıxdığına görə.
Və burada çoxları səyahəti səhv başa düşür.
Çünki emosiyalar azaldıqda,
nəyinsə səhv getdiyini hiss edə bilərsiniz.
Amma çox vaxt heç bir şey səhv olmur.
Bir şey sadəcə yetkinləşib.
Bunu indi hiss edə bilərsiniz.
Harada:

- hələ də ardıcılsınız
- hələ də hizalanmış
- hələ də yeriyir

Amma eyni nişan hissi olmadan.
Bu, adi bir şey kimi hiss olunur.
Proqnozlaşdırıla bilən. Fərqlənməz.
Və bir hissəniz bunun tənəzzül olub-olmadığını düşünür.
Amma belə deyil.
Məhz burada iman **hisslərdən müstəqil olur** .
Artıq hisslərin təsiri altında deyil,
çevrildiyin şeylərin təsiri altında qaldığın yer.
Çünki hisslər bir səyahətə başlaya bilər.
Amma buna dözə bilmir.
Bunyan özünü rahat hiss etdiyi üçün davam etmədi.
, lövbər saldığı üçün davam etdi .
Bəs onda heç nə yeni, heç nə gərgin və heç nə xüsusilə mənalı hiss olunmayan, amma hələ də yolda olan bir insan nə etməlidir?
O, hisslərin ardınca düşməməlidir.
sədaqətində qalmalıdır .

Refleksasiya Sualları

- Səyahətim harada adi və ya qeyri-adi hiss olunur?
- Əvvəllər hər şeyin necə hiss olunduğunun nəyi darıxıram?

- Harada emosiya çatışmazlığını irəliləyiş çatışmazlığı kimi şərh etməyə meylliyəm?
- Nişanlı qalmaq üçün hisslərimdən asılıyammı?
- Heç nə yeni hiss etməsəm belə, davam edə bilərəmmi?

Dərin Əksolunma

Bunyan fəsilləri rahatlıqsız keçirdi.
Amma o, dayanmadı.
Bunu tanımalısınız:
Hisslər azaldıqca
iman güclənir.
Özünüzə sual verin:
Heç nə fərqli hiss etməsəydim,
yenə də davam edərdimmi?
Yetkinliyin gerçəkləşdiyi yer budur.

Fəaliyyət Planı (Yalnız Bu Gün)

1. Gündəlik hiss etdiyiniz bir sahəni müəyyənləşdirin
2. Bunu etiraf edin:
   "Bunun real olmaq üçün yeni hiss olunmasına ehtiyac yoxdur."
3. Bu gün sakit və sədaqətlə məşq edin
4. Fərqli hiss etdirməyə çalışmayın,
   sadəcə mövcud qalın

Dua

Ya Rəbb,
artıq hər şey əvvəlki kimi hiss olunmur.
Heç bir intensivlik,
güclü hərəkət hissi yoxdur.
Və yenə də, mən hələ də buradayam.
Sadiq qalmaq üçün hisslərimə güvənməməyimə kömək et .

Heç nə yeni hiss etməsəm belə, davam etməyi öyrət mənə .

Qoy imanım möhkəm olsun,
hisslərlə deyil, Sənin məndə formalaşdırdığın şeylərə əsaslansın.
çağırıldığım yerdə qalmaq əvəzinə , bir vaxtlar hiss etdiyim şeylərin ardınca düşməyimə mane ol .

Amin.

35-Cİ GÜN — Tikilmişlərin Qorunması

Qazandığınız Şeylər Yenə də Sakitcə İtirilə Bilində

"Gördüm ki, o, addımlarına yaxşı baxır... çünki yolun dar olduğunu və təhlükənin uzaqda olmadığını bilirdi."
— *Con Banyan, Zəvvarın Yürüşü*

Mən çox uzağa gəlmişdim.
İlk başladığım zaman gözlədiyimdən daha çox. Bir vaxtlar qeyri-mümkün görünən şey indi mövcud idi. Bir vaxtlar səy tələb edən şey indi təbii görünürdü. Bir vaxtlar məni çaşdıran şey indi aydın görünürdü.
Artıq əvvəlki kimi mübarizə aparmırdım.
Amma bu, mənim təhlükədən kənarda olduğum anlamına gəlmirdi.
Əslində, daha incə bir şey ortaya çıxmağa başlamışdı.
Müqavimət yox.
Çaşqınlıq yox.
Amma **diqqətsizlik** .
Aşkar şəkildə yox.
Açıq qərarlarla yox.
Amma kiçik növbələrdə.
Əvvəlkindən daha az diqqətli olduğumu, daha az düşünüldüyünü, bir vaxtlar vacib olan detallardan daha az xəbərdar olduğumu hiss etdim. Diqqətlə məşq etdiyim eyni şeylər indi demək olar ki, avtomatik olaraq baş verirdi və buna görə də artıq onları eyni niyyətlə qorumurdum.
Və burada bir şeyin sürüşməyə başlaya biləcəyi yerdir.
Birdən yox.
Amma tədricən.
Bunyan bu təhlükəni dəqiqliklə ortaya qoyur. Yol sadəcə daha uzun getdiyin üçün genişlənmir. Dar olaraq qalır. Dəqiq

olaraq qalır. Hətta uzaq məsafə qət edənlər belə diqqət yetirməyi dayandırsalar, yenə də yoldan çıxa bilərlər.
Çünki tikilən şey
qorunmalıdır .
Nəzarətsiz
qalmamalıdır.
Mühafizə olunur.
Bunu indi tanıya bilərsiniz.
Harada:

- sən sabitsən
- Sən ardıcılsan
- Artıq əvvəlki kimi çətinlik çəkmirsən

Amma siz də daha az diqqətlisiniz.
Siz başlayırsınız:

- diqqətinizi rahatlayın
- nümunələrinizin davam edəcəyini düşünün
- möhkəmləndirmədən ardıcıllığınıza etibar edin

Və burada kiçik kompromislər başlayır.
Qəsdən deyil.
Aşkar deyil.
Amma real.
Əvvəllər möhkəm yapışdığınız bir şeyi atlaya bilərsiniz.
Əvvəllər prioritet verdiyiniz bir şeyi təxirə sala bilərsiniz.
Əvvəllər icazə verməyəcəyiniz kiçik bir şeyə icazə verə bilərsiniz.
Və kiçik olduğu üçün
zərərsiz hiss olunur.
Lakin təkrarlanan kiçik dəyişikliklər
istiqamətə çevrilir.
Bunyanın zəvvarı irəlilədiyi üçün diqqətsiz qalmır.
daha çox məlumatlı olur .
Çünki o başa düşür ki, formalaşmış şey qorunub saxlanılmasa, yenə də zəifləyə bilər.
Bəs insan real bir şey - ardıcıllıq, nizam-intizam, aydınlıq - qurduqdan sonra əvvəlkindən daha az diqqətli olmağa başlayırsa, onda nə etməlidir?
O, şüuruna qayıtmalıdır.

Qorxudan yox.
məsuliyyətdən kənar .

Refleksasiya Sualları

- Əvvəlki kimi harada daha az diqqətli olmuşam?
- Ehtiyatlı olmaq əvəzinə hansı vərdişləri və ya intizamları mənimsəməyə başlayıram?
- Kiçik güzəştlərin sakitcə girməsinə harada icazə vermişəm?
- Artıq nəyə diqqətlə baxmıram?
- Yenidən qəsdən olmaq necə görünərdi?

Dərin Əksolunma
Bunyanın zəvvarı birdən yolu azmadı.
Təhlükə həmişə **tədricən azalırdı** .
Bunu tanımalısınız:
Qorunmayan şey
möhkəm qalmayacaq.
Özünüzə sual verin:
Hazırda həyatımda nəyin
qorunmasına ehtiyac var — fərziyyə edilməməlidir?
Yetkinlik məsuliyyətə çevrildiyi yer budur.

Fəaliyyət Planı (Yalnız Bu Gün)

1. Daha az məqsədyönlü olduğunuz bir sahəni müəyyənləşdirin
2. Bu gün qəsdən buna qayıdın, əvvəlində etdiyiniz kimi edin
3. İcazə verdiyiniz kiçik bir güzəşti aradan qaldırın

4. Saxlamaq istədiyiniz şeyi gücləndirin

Dua

Ya Rəbb,
görürəm ki, bir şey tikmişəm, amma onu həmişə qorumamışam.
daha az şüurlu, daha az məlumatlı olmuşam .

Ehtiyatlı olmağa qayıtmağıma kömək et.
Məndə yaratdığın şeyləri qorumağıma kömək et.
Kiçik dəyişiklikləri
daha böyük dəyişikliklərə çevrilməzdən əvvəl onları fərq etməyim üçün mənə məlumat ver.
yalnız əvvəldən deyil, həm də sonuna qədər qəsdən qalmağı öyrət .

Amin.

36-CI GÜN — Sakit Qürurun Təhlükəsi

Böyümə etibar etməyə başladığınız bir şeyə çevrildikdə

"Özümlə düşünürdüm ki, artıq bir şeyəm... amma tez bir zamanda öyrənməli olduğum çox şey olduğunu anladım."
— *Con Banyan, "Grace Abounding"*

Əvvəlcə bunu fərq etməmişdim.
Ucadan gəlmədi,
özünü elan etmədi.
Səssizcə, demək olar ki, görünməz şəkildə gəldi.
Özümü necə gördüyümdə incə bir dəyişiklik.
Artıq əvvəlki kimi deyildim. Bu, çox aydın idi. Böyümüşdüm.
Dəyişmişdim. Əvvəlkindən daha ardıcıl, daha sabit və daha uyğunlaşmışdım.
Və yavaş-yavaş, fərqinə varmadan, bunu nəzərə almağa başladım.
Açıq-aşkar şəkildə yox.
Ucadan deyərdim ki, sözlə yox.
Amma duruşda.
Özüm haqqında necə düşündüyümdə.
Harada olduğumu necə ölçdüyümdə.
Sakit bir hiss var idi:
Əvvəlki kimi deyiləm.
Yaxşıyam. Uzağa getmişəm.
Və bu tamamilə yalan olmasa da...
Bu, içimdə nəyisə dəyişməyə başladı.
Çünki diqqətim məni formalaşdıran şeylərdən incə şəkildə nə **olduğuma** doğru yönəldi .
Bunyan bu təhlükə haqqında dərin bir şüurla yazır.
Böyüdükcə, yetkinləşdikcə belə, ürəyin öz irəliləyişində nə

qədər tez dincəlməyə başlaya biləcəyini - Allaha deyil, əldə edilənlərə sakit bir inam tapmağa başlaya biləcəyini görürdü.
Və burada incə bir şey qorunmalıdır.
Çünki böyümə, diqqətlə aparılmazsa,
etibar etməyə başladığınız bir şeyə çevrilə bilər .
Bunu indi hiss edə bilərsiniz.
Harada:

- irəliləyişinizi tanıyırsınız
- nə qədər irəlilədiyinizi görürsünüz
- Artıq eyni şəkildə mübarizə aparmırsınız

Və bununla sakit bir dəyişiklik gəlir:
Özünüzə daha çox güvənməyə başlayırsınız.
Sağlam, əsaslı şəkildə yox.
Amma asılılığı yavaş-yavaş əvəz edən bir şəkildə.
Daha az diqqətli olursunuz.
Ehtiyacınızın fərqində deyilsiniz. Sizi nəyin dəstəklədiyinə daha az diqqət yetirirsiniz.
Və burada qürur belə formalaşır.
Təkəbbür kimi yox.
Müqayisə kimi yox.
Amma **incə müstəqillik kimi** .
Artıq "Mənə kömək lazımdır" deməyəcəksən.
özünüzü kifayət qədər yaxşı idarə edirmiş kimi yaşamağa başlayırsınız .
Bunyan bunu görməzdən gəlmədi.
O, bununla üzləşdi.
Çünki o başa düşürdü ki, bu mərhələdə ən böyük təhlükə uğursuzluq deyil.
Onu nəyin apardığını unutmaq idi .
Bəs insan böyüməyə başlayanda və bu böyümə onun özünü necə gördüyünü sakitcə formalaşdırmağa başlayanda nə etməlidir? Tərəqqi onun hələ də fərqində olduğu bir şey əvəzinə, etibar etməyə başladığı bir şeyə çevrildikdə?
O, təvazökarlığa qayıtmalıdır.
Böyüməni inkar etməklə deyil.
mənbəyini xatırlamaqla .

Refleksasiya Sualları

- Ehtiyacımın fərqində olmaqdansa, harada özümə inamlı olmağa başladım?
- Daxili məsuliyyəti öz üzərimə götürmək üçün hansı irəliləyişlərə başladım?
- Əvvəlkindən daha az asılı olduğum yer haradadır?
- Nəyə incə şəkildə güvənirəm - özümə, yoxsa məni formalaşdıran nəyə?
- Təvazökarlığa harada qayıtmalıyam?

Dərin Əksolunma

Bunyan böyüdüyünü inkar etmədi.
Lakin o, böyümənin onun təməli olmasına icazə verməkdən imtina etdi.
Bunu tanımalısınız:
Artım gerçəkdir.
Amma o, öz-özünə yaranmır.
Özünüzə sual verin:
Nəyə güvənməyə başlayıram —
özümə, yoxsa məni nə dəstəkləyir?
Təvazökarlığın qürurun səssizcə zəiflədə biləcəyi şeyi qoruduğu yer budur.

Fəaliyyət Planı (Yalnız Bu Gün)

1. Özünüzə inamlı olduğunuz bir sahəni müəyyənləşdirin
2. Bunu aydın şəkildə yenidən ifadə edin:
   "Bu, məndə formalaşıb — öz-özünə təmin olunmur."
3. həmin sahədə asılılıq vəziyyətinə qayıdın

4. Daxili tanımadan, sakitcə bir hərəkət edin

Dua

Ya Rəbb,
görürəm ki, böyümüşəm.
Amma eyni zamanda görürəm ki, bu böyüməyə nə qədər asanlıqla etibar etməyə başlaya bilərəm.
Məni incə qürurdan,
sakit müstəqillikdən uzaq tut.
Məndə əmələ gələn şeyin təkcə mən tərəfindən istehsal olunmadığını xatırlamağıma kömək et .

Məni təvazökarlığa qaytar —
dəyişmiş şeyi inkar etməklə deyil, onu dəstəkləyən şeyləri xatırlamaqla.
Və qəlbimi möhkəm saxla
ki, Sənin tikdiyini itirməyim.
Amin.

37-ci GÜN — Sadəcə Düzgün Başlamaqla Yox, Güclü Bitirin

Sonun başlanğıcdan daha çox niyyət tələb etməsi

"Gördüm ki, çoxları yaxşı yola düşüb, amma az adam eyni qayğı ilə sona qədər davam edib."
— *Con Banyan, Zəvvarın Yürüşü (mövzu)*

Necə başladığımı xatırlayıram.
aydınlıq və bir şeyin dəyişməli olduğuna dair kəskin bir şüur var idi .

Qətiyyətlə. Tərəddüd etmədən hərəkət etdim .

Və o ilk günlərdə nə etdiyim aydın görünürdü.
Amma indi, demək olar ki, sona yaxınlaşıram.
Və əvvəlində başa düşmədiyim bir şey gördüm.
Başlamaq ən çətin hissə deyildi.
Bitirmədir.
Çünki başlanğıc çox vaxt təcililikdən irəli gəlir.
Nəsə səni narahat edir.
Nəsə səni oyadır. Nəsə səni irəli aparır.
Bəs bitirmə?
Bitirmə təcililikdən qaynaqlanmır.
niyyətlə davam etdirilir .
Bunyan bunu dərindən başa düşürdü. O, səyahətə inamla başlayan, aydın görən, tez cavab verən və enerji ilə irəliləyən bir çox insanı gördü.
Amma hamısı bitməyib.
Ona görə yox ki, onlar bacarıqsız idilər.
əvvəldəki kimi **sonda qəsdən** qalmadılar .
Və fərq burada yaranır.
Necə başladığınıza görə yox.

Amma artıq heç nə səni məcbur etmədikdə necə davam etdiyinlə.
Bunu indi hiss edə bilərsiniz.
Harada:

- sən tamamlanmağa yaxınsan
- çox uzaqlara getmisən
- nə edəcəyini bilirsən

Amma başlanğıcın kəskinliyi yumşalıb.
Təcililik yox oldu.
Gərginlik sakitləşdi.
Və buna görə də incə bir cazibə var:
Rahatlamaq üçün.
Tamamilə dayanmaq üçün deyil.
Amma daha az dəqiq olmaq üçün. Daha az məqsədyönlü olmaq üçün. Daha az diqqətli olmaq üçün.
Fərz etmək üçün:
Mən bura qədər gəlmişəm.
Ora çatacağam.
Amma son mərhələdə xüsusi bir şey tələb olunur.
Daha çox səy göstərməyin.
Amma daha çox **diqqət** .
Çünki burada kiçik qüsurlar əvvəlkindən daha vacibdir.
Zəif olduğunuz üçün yox.
Amma yaxın olduğunuz üçün.
Bunyanın zəvvarı sonda rahatlaşmır.
Daha çox məlumatlı olur.
Daha diqqətli.
Daha diqqətli.
Çünki o başa düşür ki, bitirmə **də başlamaq qədər, bəlkə də daha çox diqqət tələb edir** .
Bəs insan uzun bir yol qət edib, işini bitirmək üzrədir, amma diqqətini sakitləşdirmək üçün incə bir cazibə hiss edirsə, nə etməlidir?
O, yenidən itiləməlidir.
Sıxlıq baxımından deyil.
Amma **dəqiqliklə** .

Refleksasiya Sualları

- Sona yaxınlaşdığım üçün diqqətimi harada azaltmağa başladım?
- Məni "təhlükəsiz" hiss etdirən və məni bu yoldan çıxaracağını düşündüyüm şey nədir?
- Yenidən harada daha məqsədyönlü olmalıyam?
- Başladığım eyni qayğı ilə işimi bitirirəmmi?
- Sadəcə gəlib çatmaq yox, güclü şəkildə bitirmək necə görünərdi?

Dərin Əksolunma

Bunyan çoxlarının başladığını gördü.
Amma hamısı eyni qayğı ilə bitməyib.
Bunu tanımalısınız:
Səyahətin sonu
başlanğıc qədər niyyət tələb edir.
Özünüzə sual verin:
Bitirəcəyimi düşünürəm,
yoxsa yaxşı bitirməyi seçirəm?
Məhz burada tamamlama qəsdən baş verir.

Fəaliyyət Planı (Yalnız Bu Gün)

1. Diqqətinizin zəiflədiyi bir sahəni müəyyən edin
2. Bu gün qəsdən yenidən işə salın
3. təsadüfi deyil, diqqətlə və dəqiqliklə edin

4. Bu günə ən vacib olan kimi yanaşın

Dua

Tanrım,
mən çox irəliləmişəm, amma ehtiyatsızlıqla işimi bitirmək istəmirəm.
Bu mərhələdə belə, şüurlu qalmağımda mənə kömək et .

Diqqətimi artır.
Addımlarımı yenidən fokusla.
Sonu güman etməyəcəyəm —
amma diqqətlə seçin.
sadəcə çatmaq üçün deyil, güclü şəkildə bitirmək üçün intizam ver .

Amin.

38-Cİ GÜN — Əbədi Perspektivin Gerçəkliyi

Son İndiki Zamandan Daha Gerçək Olduqda

"Gördüm ki, şəhər onun qarşısında parlayır... və onun əzəməti onun qəlbini irəli çəkdi."
— *Con Banyan, Zəvvarın Yürüşü*

Nəsə yenidən dəyişməyə başladı.
Addımlarımda deyil.
Nizam-intizamda deyil.
baxdığım şeydə .
Uzun müddət səyahət mənim tərk etdiyim şeylərlə,
sonra isə nə ilə qarşılaşdığımla, sonra isə nəyə çevrildiyimlə bağlı idi.
Amma indi başqa bir şey özünü göstərməyə başladı.
Son artıq uzaqda deyildi.
Bu, gerçəkləşirdi...
Təsəvvür edilməyib.
Simvolik deyil.
Amma **şüurumda mövcuddur** .
Tam görə bilmədim.
Amma mən bunu hiss edə bilirdim.
Və bu, mənim yeriməyimi dəyişdi.
Çünki son gerçəkləşəndə,
indiki zaman artıq hər şey deyil.
Bunyan bu anı sakit bir güclə əks etdirir. Zəvvar Səmavi Şəhəri görməyə başlayır - tam və aydın deyil, amma kifayət qədər onu cəlb etməyə başlayır.
Bu, onun diqqətini dəyişir.
O, artıq sadəcə davam etmək üçün gəzmir.
, **hara getdiyini** bildiyi üçün yeriyir
.
Və bu, hər şeyi yenidən formalaşdırır.
Bunu indi hiss etməyə başlaya bilərsiniz.

Harada:

- baxış bucağınız dəyişir
- bir vaxtlar vacib hesab edilən şey daha kiçik hiss olunur
- bir vaxtlar diqqətinizi cəlb edən şey artıq eyni ağırlığı daşımır

Çünki o şeylər yoxa çıxmayıb.
Amma daha böyük bir şeyin ortaya çıxması səbəbindən.
Fərqli ölçü götürməyə başlayırsınız.
Dərhal olanla yox.
Görünən ilə yox.
davamlı olana görə .
Və bu, fərqli bir aydınlıq yaradır.
Çünki bir vaxtlar vacib olan bir çox şey
artıq əvvəlki dəyərini itirib.
Və bir vaxtlar uzaq hiss olunan bir çox şey
indi mərkəzi hiss olunur.
Bunyanın zəvvarı sonu görəndə diqqətsiz qalmır.
O, daha çox diqqətini cəmləşdirir.
Çünki o, nə qədər yaxınlaşsa,
əslində nəyin vacib olduğu bir o qədər aydın olur.
Bəs insan dünyagörüşü dəyişməyə başlayanda, son indikindən daha real olanda və onu bir vaxtlar təyin edən şey əhəmiyyətini itirməyə başlayanda nə etməlidir?
O, özünü davamlı olanla uyğunlaşdırmalıdır.
Qismən yox.
Bəzən yox.
Amma tam şəkildə.

Refleksasiya Sualları

- Son zamanlar nə mənim üçün daha az vacib görünməyə başlayıb?
- Düşüncə və yaşam tərzimdə nə daha çox mərkəzi hala gəlir?

- Diqqətim hələ də müvəqqəti olan şeylərə bağlıdır?
- Sonu göz önündə yaşamaq necə görünərdi?
- Həyatımı davam edəcək şeylərlə uyğunlaşdırırammı?

Dərin Əksolunma

Bunyanın ziyarətçisi
görməyə başladığı şeylərdən xəbərdar oldu.
Bunu tanımalısınız:
Son gerçəkləşəndə,
qalan hər şey yenidən qiymətləndirilir.
Özünüzə sual verin:
İndi nə üçün yaşayıram -
dərhal olan, yoxsa əbədi olan?
Bax, perspektivin uyğunlaşmaya çevrildiyi yer budur.

Fəaliyyət Planı (Yalnız Bu Gün)

1. Müvəqqəti olan bir şeyə sahib olduğunuzu müəyyənləşdirin

2. Dürüstcə yenidən qiymətləndirin
3. Bu gün diqqətinizi davamlı bir şeyə yönəldin
4. Əbədi perspektivə əsaslanaraq bu gün bir qərar verin

Dua

Ya Rəbb,
mənə dərhal olanı görməyə kömək et.
Həqiqətən nəyin vacib olduğunu anlamağıma kömək et.
Baxışımı
müvəqqəti olandan davamlı olana dəyiş.
Ürəyimi irəli çək -
təzyiqlə deyil, aydınlıqla.
Və həyatımı
hər şey yox olanda qalan şeylə uyğunlaşdır.
Amin.

39-CU GÜN — Son Son Deyil

Tamamlanma Keçid Dövrü Olduqda

"Yuxumda gördüm ki, bu iki kişi darvazadan içəri girir... və içəri girəndə görünüşləri dəyişmiş, qızıl kimi parıldayan paltarlar geyinmişdilər."
— *Con Banyan, Zəvvarın Yürüşü*

Səyahətin gəlişlə bitəcəyini düşünürdüm.
Aydın bir an olacaqdı — keçid, tamamlanma, daşınmış, dözmüş və tikilmiş hər şeyin dayanacağı son addım.
Və bir mənada bu, doğrudur.
Gəliş var.
Keçid var.
Ardınca gedənin gerçəkləşdiyi bir an var.
Amma Bunyan daha dərin bir şeyi göstərir.
Sonluq sadəcə bir nəticə deyil.
Bu bir **keçiddir** .
Çünki tamamlanan şey
yox olmur.
Aşkar olunur.
Keçdiyim səyahət - verdiyim qərarlar, qurduğum modellər, çevrildiyim insan - qapıda bitmir.
İrəli aparır .
Eyni formada deyil.
Eyni mübarizədə deyil.
Amma tam ifadəsində.
Bunyan, ziyarətə gələn zəvvarı səyahətdən qaçan biri kimi deyil, **səyahət zamanı dəyişmiş biri kimi təsvir edir** .
Gizli olan görünən olur.
Səssizcə əmələ gələn aşkar olur. Qaranlıqda tətbiq olunan şey tam şəkildə gerçəkləşir.
Və bu, hər şeyi yenidən formalaşdırır.
Çünki səyahət heç vaxt yalnız sona çatmaqdan ibarət deyildi.

düzgün şəkildə daxil ola bilən biri olmaqdan gedirdi

.

Bunu indi hiss etməyə başlaya bilərsiniz.
Harada:

- Sən tamamlanmağa yaxınsan
- Artıq eyni şəkildə səy göstərmirsən
- bir şeyin həqiqətən dəyişdiyini görə bilərsiniz

Və yenə də bir anlaşma var:
Bu, yalnız bitirmə ilə bağlı deyil.
Bu, **işimi bitirməklə nəyə çevrildiyimlə bağlıdır** .
Çünki son səyahəti silmir.
Bunu təsdiqləyir.
Hər qərar vacib idi.
Hər addım nəyisə formalaşdırırdı. Hər dözümlülük anı indi **qalan bir şeyi formalaşdırırdı** .
Və bu, fərqli bir aydınlıq gətirir.
Çünki görməyə başlayırsan:
Heç nə boşa getmədi.
Heç nə təsadüfi deyildi. Heç nə məqsədsiz deyildi.
Hətta çətin hissələr belə.
Hətta yavaş hissələr belə. Hətta görünməyən hissələr belə.
Bütün bunlar
indi mövcud olan vəziyyətə öz töhfəsini verdi.
Bəs insan sonun sadəcə dayanma nöqtəsi deyil, nəyin yarandığının aşkarlanması olduğunu anladıqda nə etməlidir?
Əgər tamamlanma qaçış deyil, keçiddirsə?
O, bunu başa düşməlidir:
O, sadəcə gəlmir.
O, **görünür hala gəlir** .

Refleksasiya Sualları

- Bu səyahət zamanı məndə nə formalaşdı?
- Həyatımın hansı hissələri indi daha dərin və daha sabit bir şeyi əks etdirir?

- Heç nəyin israf edilmədiyini harada görə bilərəm?
- Əvvəllər olmayan nəyi indi daşıyıram?
- Sonu qaçış, yoxsa məmnuniyyət kimi düşünürəm?

Dərin Əksolunma
Bunyan sonu yoxa çıxma kimi təsvir etmədi.
aşkar edilmiş transformasiya kimi təsvir etdi .
Bunu tanımalısınız:
Səyahətin sonu
səyahətin nə ilə nəticələndiyini göstərir.
Özünüzə sual verin:
hər zaman formalaşan nə aşkarlanır ?

Burada tamamlanma aydınlığa çevrilir.

Fəaliyyət Planı (Yalnız Bu Gün)

1. Bütün səyahəti düşünün.
   Sizdə formalaşmış 3 şeyi müəyyən edin.
2. Onları aydın şəkildə yazın,
   kiçiltməyin
3. Etiraf edin:
   "Səyahət məndə məhz bunu yaratdı."
4. Bu gün necə gəzdiyinizə bu şüuru aşılayın

Dua
Tanrım,
indi başa düşürəm ki, bu səyahət yalnız sona çatmaqla bağlı deyildi.
Bu, Sənin məndə formalaşdırdığın şeylə bağlı idi
.
Nə tikildiyini anlamağıma kömək et.
Heç nəyin boşa getmədiyini görməyimə kömək et.
Davam etdiyim üçün indi daşıdıqlarımı anlamaq üçün mənə aydınlıq ver .

Və məni sadəcə gəlməyə deyil,
həm də bu səyahətin məndə yaratdığı şeyləri tam şəkildə
anlamağa hazırla.
Amin.

40-CI GÜN — Mesajın Təsirinə Olmaq

Həyatınız Birdəfəlik Oxuduğunuzu Danışanda

"İndi yuxumda gördüm ki, bu zəvvarlar darvazalardan içəri girəndə qarşılandılar... və həyatları gəldikləri yolun şahidi oldu."
— *Con Banyan, Zəvvarın Yürüşü (mövzu)*

Mən bu səyahətə anlamağa çalışan biri kimi başladım.
Cavab verməyə çalışıram.
Dəyişməyə çalışıram. Əvvəlki vəziyyətimdən olmaq istədiyim yerə keçməyə çalışıram.
Və yol boyu oxudum,
dinlədim və düşündüm.
Mən artıq yazılmış bir yolu izlədim.
Amma indi bir şey dəyişib.
Artıq yalnız səyahəti oxumuram.
Mən **onu gəzmişəm** .
Mükəmməl deyil.
Tamamilə deyil.
Amma həqiqətən də.
Əvvəllər başa düşmədiyim şeyləri indi başa düşürəm .

Ona görə yox ki, onlar daha yaxşı izah olunmuşdular.
Amma yaşadıqları **üçün** .
Bunyan "Zəvvarın Səyahəti"ni heyranlıqla qarşılanacaq bir hekayə kimi yazmayıb.
O, bunu gəziləcək bir yol kimi yazdı.
Və onu gəzənlər eyni qalmırlar.
Onlar sadəcə bilik əldə etmirlər.
dəlil olurlar .
Bu, son növbədədir.

Cəhalətdən anlamağa deyil.
Mübarizədən sabitliyə deyil.
Amma **qəbul etməkdən**
təcəssüm etdirməyə qədər .
Çünki səyahət heç vaxt səhifədə qalmamalı idi.
Bu, bir həyata yazılmaq üçün nəzərdə tutulmuşdu.
Bunu indi hiss edə bilərsiniz.
Harada:

- Artıq buna məlumat kimi yanaşmırsınız
- Artıq uzaqdan müşahidə etmirsən
- İçinizdə bir şeyin kök saldığını anlayırsınız

Və bu, rolunuzu dəyişir.
Artıq sadəcə oxucu deyilsən.
şahidə çevrilirsən .
Dediyiniz kimi deyil.
Amma necə yaşadığınla.
Çünki səndə formalaşan şey
sənin vasitəsilə görünəcək.
Qərarlarınızda.
Nümunələrinizdə. Cavablarınızda.
Seçməyə davam etdiyin şeydə -
hətta bu səyahət bitdikdən sonra belə.
Bunyanın zəvvarı sonda yoxa çıxmır.
O, daha böyük bir reallığın bir hissəsinə çevrilir.
Keçmişi əks etdirən bir həyat.
Və səyahətin özünü tamamladığı yer budur.
Son səhifə oxunanda yox.
Amma həyat
formalaşmış şeylərlə uyğun şəkildə davam etdikdə.
Bəs insan artıq yalnız bir mesajı izləmədiyini, həm də onu çatdırmaqdan məsul olduğunu anladıqda nə etməlidir?
O, bunu yaşamalıdır.
Bəzən yox.
Özünə uyğun hiss etdiyində yox.
Amma ardıcıl olaraq.
Çünki artıq mesaj xarici deyil.
Bu, **onun daxilindədir** .

Refleksasiya Sualları

- Bu səyahətdə məndə həqiqətən nə dəyişdi?
- İndi həyatım əvvəlkindən daha dərin bir şeyi əks etdirir?
- Əvvəldən daşımadığım nəyi indi daşıyım?
- Harada davam etməliyəm — oxuduğum üçün yox, artıq oxumuş olduğum üçün?
- Kimsə mənim həyatımı müşahidə etsəydi, nə oxuyardı?

Dərin Əksolunma

Bunyan bir hekayə yazdı.
Amma o, bir reallıq yaşadı.
Və onun yolu ilə gedənlər də
eyni şeyi edirlər.
Bunu tanımalısınız:
Səyahət burada bitmir.
Bu, sizin vasitənizlə davam edir.
Özünüzə sual verin:
Həyatım indi
əvvəllər deyə bilmədiyi nə deyir?
Mesajın göründüyü yer budur.

Fəaliyyət Planı (Bu Gündən Kənar)

1. Müvəqqəti deyil, daimi olaraq irəli aparacağınız bir nümunəni müəyyənləşdirin

2. Bunu açıq şəkildə edin:
   "Bu, artıq mənim necə yaşadığımın bir hissəsidir."
3. Həyatınızın bir sahəsini seçin
   ki, bu səyahət görünən qalsın
4. Qərarınızdan kənara çıxan quruluşa ehtiyac olmadan yaşamağa başlayın

Dua

Tanrım,
mən bu səyahəti eyni qalmaq üçün etmədim.
İndi görürəm ki, içimdə nəsə formalaşıb.
Mükəmməl deyil.
Tamamilə deyil.
Amma həqiqətən də.
Öyrəndiklərimi yaşamağımda mənə kömək et.
Verilənləri daşımağımda mənə kömək et.
Qoy həyatım nəyin qurulduğunu əks etdirsin -
sözlə deyil, necə davam etdiyimlə.
geri dönməyən bir həyatda nələr edə biləcəyinin canlı şahidi et
.

Amin.

NƏTİCƏ — Sizin Aranızdan Davam Edən Yol

Səyahət Həyat Tərzinə çevrildikdə

Səhifələrdə başlayan və bitən səyahətlər var.
Və səhifələrlə başlayan
, lakin orada qalmaqdan imtina edən səyahətlər var.
Bu, sonuncudur.
Oxu planını tamamlamaq üçün bu qırx günü piyada getmədin.
Sən onları real bir şeylə qarşılaşmağa —
aydın görməyə, dürüst cavab verməyə, şüurlu şəkildə dözməyə
və sabit şəkildə formalaşmağa — apardın.
Başlanğıcda yol xarici idi.
Sən müşahidə edirdin.
Nəzərə alırdın. Təqdim olunanları ölçüb-biçirdin.
Amma yol boyu bir yerdə bu məsafə bağlandı.
Yük şəxsi hala gəldi.
Qərarlar sizin oldu. Hərəkat artıq nəzəri deyildi.
Artıq zəvvar haqqında oxumurdunuz.
Sən gəzirdin.
"Ziyarətçinin Səyahəti"ni təxəyyülü əyləndirmək üçün yazmayıb .
O, bunu ruhu ifşa etmək üçün yazdı.
Həqiqətə gedən yolun mücərrəd olmadığını, geri dönməməyi
seçənlər tərəfindən yaşandığını, müqavimət göstərildiyini,
təxirə salındığını, qəbul edildiyini və nəticədə davam
etdirildiyini göstərmək.
İndi isə yazılanların sonunda dayanırsınız.
Amma başlayan işin sonunda deyil.
Çünki səndə formalaşan şey burada bitmir.
Davam edir.
Sakitcə.
Ardıcıllıqla. Qəsdən.
Dramatik anlarda deyil,
gündəlik seçimlərdə.

Görünən bəyannamələrdə deyil,
davamlı nümunələrdə.
Adi həyata qayıdacaqsınız.
Tanış yerlərə.
Tanış məsuliyyətlər. Tanış təzyiqlər.
Amma əvvəlki kimi qayıtmayacaqsan.
Çünki nəsə dəyişib.
İndi bir vaxtlar görməməzlikdən gəldiyinizi görürsünüz.
İndi bir vaxtlar görməməzlikdən gəldiyinizi anlayırsınız. İndi bir vaxtlar gecikdiyiniz yerə cavab verirsiniz.
Və əsl səyahətin özünü sübut etdiyi yer budur.
Tamamlanma mərhələsində deyil,
davam mərhələsində.
Bünyanın zəvvarı darvazaya çatdı.
Lakin onun səyahətinin mənası yalnız gəlişində deyildi.
, onun ora necə getməsində özünü göstərirdi .
İndi isə eyni sual sizinlə bağlıdır:
Yolu bildiyin üçün necə gəzəcəksən?
Çünki dar cığır kitab bağlananda yox olmur.
Qalır.
Qərarlarınızda.
Fənlərinizdə. İstiqamətinizdə.
Hələ də diqqəti yayındıran amillər olacaq.
Hələ də səslər olacaq.
Köhnə naxışların sakitcə qayıtmağa çalışdığı anlar hələ də olacaq.
Amma artıq xəbərsiz deyilsən.
Və məlumatlılıq məsuliyyət daşıyır.
Ağırlığı gördünüz.
Gərginliyi hiss etdiniz. İntizamı tətbiq etdiniz. Prosesə dözdünüz.
davam etməlisiniz .
Səhifələrdə sizə yol göstərildiyi üçün deyil.
Amma ona görə ki, yol sənə yazılıb.
Və beləliklə, son söz təlimat deyil.
Bu, tanınmadır.
Artıq sadəcə səyahətin oxucusu deyilsən.

Artıq sən **onun daşıyıcısısan** .
Yavaş-yavaş oxuyun.
Diqqətlə yeriyin. Şüurlu şəkildə davam edin.
Dünya hələ də izləyir.
Və həyatınız - niyyətlə istəsəniz də, istəməsəniz də - hələ də oxunur.

FƏALİYYƏTƏ ÇAĞIRIŞ

Məhsul üçün Tərəfdaşlıq

Bu kitabı bağlayarkən sizi təkcə öz həyatınızda deyil, həm də millətlərarası saysız-hesabsız insanların həyatında səyahəti bir addım daha irəli aparmağa dəvət edirik.
Əgər Allahın Qartal Xidmətlərindən (GEM) gələn mesajlar ürəyinizi gücləndiribsə, oyandırıbsa və ya yenidən uyğunlaşdırıbsa, **məhsul naminə bizimlə tərəfdaşlıq etməyi dua ilə düşünməyinizi xahiş edirik** . Dünya həqiqətə, ümidə və Müqəddəs Ruhun incə, lakin səhvsiz səsinə acdır və birlikdə bu mesajları ən çox ehtiyac duyulan yerlərə yerləşdirə bilərik.
Biz inanırıq ki, media texnologiyadan daha çox şeydir — o , millətlərə, kəndlərə, şəhərlərə və gizli yerlərə dərindən nüfuz edən **mənəvi şəbəkədir** . Film, video, radio və rəqəmsal xidmət vasitəsilə GEM, heç vaxt kilsəyə girə bilməyən, lakin ürəkləri canlı Məsihlə qarşılaşmaq üçün geniş olan insanlara çatır.

Sizin tərəfdaşlığınız bizə kömək edir:

1. Ruhla dolu film və video məzmunu hazırlayın
İsanın sevgisini aydın, əlaqəli və həyatı dəyişdirən yollarla şəfa verən, ilhamlandıran və aşkar edən hekayələr və təlimlər.

2. Müjdəni radioda yayımlayın
Allahın Kəlamını həbsxanalara, xəstəxanalara, kənd icmalarına və internetin əlçatmaz yerlərinə — ümidin az olduğu və həqiqətin qiymətli olduğu yerlərə çatdırmaq.

3. Sosial Media Tədris və Şagirdlik Kampaniyalarımızı Genişləndirin
Möminləri gücləndirən, ailələri bərpa edən və şagirdləri qlobal miqyasda təchiz edən gündəlik ibadətlər, dualar və təlimlər.

Dəstəyiniz Niyə Vacibdir?

Yayılan hər bir mesaj bir işıq toxumuna,
hər bir təlim bir transformasiya dalğasına, hər bir səxavət hərəkəti isə Allahın qlobal məhsulunun bir hissəsinə çevrilir. Sizin ianələriniz bu xidmətin yer üzündə heç vaxt görüşməyəcəyimiz, lakin əbədiyyətdə mütləq görüşəcəyimiz ruhlara çatmasına kömək edir. Müəyyən bir miqdar yoxdur - yalnız Rəbbin sizə rəhbərlik etdiyi kimi verin. Böyük və ya kiçik hər bir ianə Padşahlığın inkişafında rol oynayır.

Tərəfdaşlıq etmək və ya vermək üçün:
PayPal:
https://www.paypal.com/ncp/payment/D6NEFW56KG8LU
Tithe.ly:
https://tithe.ly/give?c=308311

Flutterwave –
https://flutterwave.com/donate/bbkpkokehxlw

Bütün Xeyriyyəçilik Xiyabanları:
https://www.otakada.org/partnership-giving
Bizimlə olduğunuz üçün təşəkkür edirik.
Məhsul yığımına səpdiyiniz üçün təşəkkür edirik. Məsihin mesajını millətlərə çatdırmağımıza kömək etdiyiniz üçün təşəkkür edirik.
Rəbb sənə bol-bol xeyir-dua versin, səni bol-bol artırsın və Onun izzəti üçün əkdiyin hər toxumu çoxaltsın.
İsanın qüdrətli adı ilə, Amin.

—Səfir Monday O. Ogbe, Zacharias Godseagull; Comfort Ladi Ogbe

, God's Eagle Ministries (GEM) təşkilatının təsisçisi
www.otakada.org

Məsihlə necə yenidən doğulmaq və yeni bir həyata başlamaq olar

Bəlkə də əvvəllər İsa ilə birlikdə olmusunuz, ya da bəlkə də bu 40 gün ərzində Onunla görüşmüsünüz. Amma hazırda içinizdə bir şey həyəcanlanır.
Sən dindən daha çox şeyə hazırsan.
Sən **münasibətlərə hazırsan** .
Sən "İsa, Sənə ehtiyacım var" deməyə hazırsan.
Həqiqət budur:
"Çünki hamı günah işlədib; hamımız Allahın izzətli standartlarından məhrumuq... amma Allah Öz lütfü ilə bizi Öz gözündə səxavətlə saleh edir."
— Romalılara 3:23–24 (NLT)
Sən xilas qazana bilməzsən.
Özünüzü düzəldə bilməzsiniz. Amma İsa artıq bütün qiyməti ödəyib və O, səni evinə salamlamağı gözləyir.
Yenidən necə doğulmaq olar
Yenidən doğulmaq həyatınızı İsaya təslim etmək — Onun bağışlanmasını qəbul etmək, öldüyünə və dirildiyinə inanmaq və Onu Rəbbiniz və Xilaskarınız kimi qəbul etmək deməkdir.
Sadədir. Güclüdür. Hər şeyi dəyişdirir.
Bunu ucadan dua edin:
"Rəbb İsa, inanıram ki, Sən Allahın Oğlusan. İnanıram ki, Sən mənim günahlarım üçün öldün və yenidən dirildin. Günah etdiyimi etiraf edirəm və Sənin bağışlanmasına ehtiyacım var. Bu gün tövbə edirəm və köhnə yollarımdan dönürəm. Səni həyatıma Rəbbim və Xilaskarım olmağa dəvət edirəm. Məni təmizlə. Məni Öz Ruhunla doldur. Yenidən doğulduğumu, bağışlandığımı və azad olduğumu bəyan edirəm. Bu

gündən etibarən Sənin ardınca gedəcəyəm və Sənin izlərinlə yaşayacağam. Məni xilas etdiyin üçün təşəkkür edirəm. İsanın adı ilə, amin."

Qurtuluşdan Sonrakı Addımlar

1. **Kiməsə deyin** – Qərarınızı etibar etdiyiniz bir möminlə bölüşün.
2. **Müqəddəs Kitaba əsaslanan bir kilsə tapın** – Allahın Kəlamını öyrədən və ona uyğun yaşayan bir icmaya qoşulun. Allahın Qartalı xidmətlərinə https://www.otakada.org və ya https://chat.whatsapp.com/H67spSun32DDTma8TLh0ov vasitəsilə onlayn daxil olun
3. **Vəftiz olun** – İmanınızı açıq şəkildə elan etmək üçün növbəti addımı atın.
4. **Müqəddəs Kitabı hər gün oxuyun** – Yəhyanın Müjdəsi ilə başlayın.
5. **Hər gün dua edin** – Allahla dost və Ata kimi danışın.
6. **Əlaqədə qalın** – Yeni addımınızı təşviq edən insanlarla özünüzü əhatə edin.
7. **İcma daxilində şagirdlik prosesinə başlayın** – Bu linklər vasitəsilə İsa Məsihlə təkbətək münasibətlər qurun

40 günlük şagirdlik 1 - https://www.otakada.org/get-free-40-days-online-discipleship-course-in-a-journey-with-jesus/
40 Şagirdlik 2 - https://www.otakada.org/get-free-40-days-dna-of-discipleship-journey-with-jesus-series-2/

Mənim Qurtuluş Anım
Tarix : ________________________

İmza : ____________________
"Kim Məsihdədirsə, yeni yaradılışdır; köhnə şeylər keçib getdi, yeni şeylər gəldi!"
— 2 Korinflilərə 5:17

Məsihdə Yeni Həyat Sertifikatı

Xilas Bəyannaməsi – Lütf tərəfindən Yenidən Doğuldu
Bu, təsdiqləyir ki,

____

(Tam Adı)
İsa Məsihə Rəbb və Xilaskar kimi imanını
açıq şəkildə elan etmiş və ölümü və dirilməsi vasitəsilə xilas hədiyyəsini almışdır.
"Əgər İsanın Rəbb olduğunu açıq şəkildə iqrar etsən və Allahın Onu ölülərdən diriltdiyinə ürəyində inansan, xilas olacaqsan."
- Romalılara 10:9 (NLT)

Bu gün cənnət sevinir və yeni bir səyahət başlayır.
Qərarın qəbul tarixi : ____________________________

İmza : ____________________________________

Qurtuluş Bəyannaməsi
"Bu gün həyatımı İsa Məsihə təslim edirəm.
İnanıram ki, O, mənim günahlarım üçün öldü və yenidən dirildi. Onu Rəbbim və Xilaskarım kimi qəbul edirəm.
Bağışlanıram, yenidən doğuluram və yenilənirəm. Bu andan etibarən Onun izləri ilə yeriyəcəyəm."
Allahın Ailəsinə xoş gəlmisiniz!
Sənin adın Quzunun Həyat Kitabına yazılıb.
Sənin hekayən yeni başlayır və əbədidir.

ALLAHIN QARTAL XİDMƏTLƏRİ İLƏ ƏLAQƏ SAXLAYIN

- Veb sayt: www.otakada.org
- Narahatlıqdan Kənar Sərvət Seriyası: www.wealthbeyondworryseries.com
- E-poçt: ambassador@otakada.org

- **Bu işi dəstəkləyin:**

Əhd əsasında ianələr vasitəsilə krallıq layihələrini, missiyalarını və pulsuz qlobal resursları dəstəkləyin.

QR Kodunu skan edərək hədiyyə edin

https://tithe.ly/give?c=308311

Səxavətiniz bizə daha çox insana çatmağa, resursları tərcümə etməyə, missionerləri dəstəkləməyə və qlobal miqyasda şagirdlik sistemləri qurmağa kömək edir. Təşəkkür edirik!

Müəllif BİOQRAFİYASI

Zacharias Godseague
Müəllif • Müəllim • Vizyoner Lider
Zacharias Godseagul, Kəlamın ehtiraslı müəllimi və Məsihin Bədəninə qarşı həssas bir səsdir. Mənəvi anlayış üçün unikal bir lütf daşıyan Zacharias, aydınlıq, peyğəmbərlik dərinliyi və imanlıların saflıqda, dindarlıqda və Məsihə həqiqi təslim olmaqda yerişlərini görmək üçün ürək yandıran bir istəklə xidmət edir.
Allahın Qartal Xidmətlərinin (GEM) işində əməkdaş kimi, o, şagirdlik məzmununun, Müqəddəs Kitabın işıqlandırılmasının və rəqəmsal və fiziki sərhədlər boyunca həyatlara təsir edən media əsaslı təbliğatın formalaşmasında mühüm rol oynayır. Onun yazıları daxili transformasiyaya, itaətə və Məsihin möminin qəlbinin taxtına bərpasına yönəlmişdir.
Zaxarias sadə bir inanca əsaslanır: **ürək birləşəndə tale də birləşir.**
O, tədris, mentorluq və ruhla dolu yaradıcı layihələr vasitəsilə qlobal miqyasda auditoriyaya çatmağa davam edir.

Səfir Monday O. Ogbe

Müəllif • Missioner Kommunikator • Tanrının Qartal Xidmətlərinin (GEM) təsisçisi
Tanrının Qartal Xidmətlərinin (GEM) təsisçisidir .
Həqiqətə olan güclü ehtirası, emosional hekayə danışması və peyğəmbərlik təlimi ilə tanınan o, yazı, podkast, film çəkmə, rəqəmsal təbliğat və şagirdlik vasitəsilə müxtəlif millətlərə xidmət edir.
Liderlik, media və missiyalar sahəsində təcrübəsi olan səfir Monday, Afrikadan Asiyaya, Amerikaya, Avropaya və Yaxın Şərqə qədər əks-səda doğuran mədəniyyətlərarası bir ruha sahibdir. Onun təlimləri möminin ürəyinin gizli mübarizələri -

tamahkarlıq, kimlik mübarizələri, mənəvi rahatlıq və Allahla yaxınlığın incə aşınması ilə üzləşir.
O, otakada.org və GEM-in rəqəmsal platformaları vasitəsilə milyonlarla insana çatan çoxsaylı dini ayinlərin, kitab seriyalarının və multimedia təlimlərinin müəllifidir.
Onun həyat mesajı sadə, lakin dərindir:
"Məsih mərkəzdə oturanda, hər şey öz layiqli yerini tutur".

Comfort Ladi Ogbe

Müəllif • Şəfaətçi • Nazirlikdə əməkdaş
Comfort Ladi Ogbe, Allahın Qartal Xidmətlərinin Krallıq tapşırığında yazıçı, vasitəçi və əməkdaşdır. Şəfqət, anlayış və qayğıkeşlik istedadına malik olan o, toxunduğu hər layihəyə emosional dərinlik və mənəvi təməl gətirir.
Onun töhfələri - çox vaxt pərdəarxası - təvazökarlıq, müdriklik və şəfa ətrini daşıyır. Xüsusilə ailənin bərpasını, mənəvi yetkinliyi və qəlbin transformasiyasını vurğulayan əsərlərdə məsləhət, dua, şagirdlik və yaradıcı əməkdaşlıq vasitəsilə təsəlli verir.
Bir müəllif olaraq, o, yaşadığı təcrübə və mənəvi inanclar məkanından yazır, oxuculara aydınlıq, təsəlli və Məsihdə bütövlüyə can atmaq üçün təşviq təqdim edir.
Rahatlıq möminlərə Allahı təkcə bilikdə deyil, həm də gündəlik həyatda - ürəyin etibar etməyi, təslim olmağı və çiçəklənməyi öyrəndiyi yerdə - dərk etməyə kömək etməyə sadiqdir.

Müəllif Səhifəsi:
https://www.amazon.com/stores/Zacharias-Godseagle/author/B0FCZ89D4K

Əlavə A

60 Dəqiqəlik Strateji Dua Modeli

Bu model hər gün tətbiq olunmalıdır - ara-sıra yox.

30 Dəqiqə — İbadət

Yalnız Allahın kim olduğuna diqqət yetirin:

- Onun müqəddəsliyi
- Onun suverenliyi
- Onun mərhəməti
- Onun ədaləti
- Onun səlahiyyəti
- Onun sədaqəti

Xahiş yoxdur.
Ərizə yoxdur. Yalnız hörmət.

10 Dəqiqə — Onun Suverenliyini Bəyan Edir

Şifahi şəkildə elan edin:

- Tanrı mənim həyatımı idarə edir.
- Allah ailəmi idarə edir.
- Tanrı mənim çağırışımı idarə edir.
- Tanrı mənim ətraf mühitimi idarə edir.
- Allah mənim millətimi idarə edir.

Səlahiyyət bəyannamə yolu ilə gücləndirilir.

10 Dəqiqə — Tövbə

Araşdırın:

- Münasibət
- Nitq
- Motivlər
- Gizli kompromis

- Mənəvi tənbəllik

Xüsusi olaraq etiraf edin.

10 Dəqiqə — Padşahlığa Uyğun Fərmanlar

Müqəddəs Yazılara əsaslanan uyğunluğu elan edin:

- Mən müqəddəslikdə gəzirəm.
- Mən intizamlı yaşayıram.
- Sədaqətlə dözürəm.
- Tapşırığı yerinə yetirirəm.
- Geri çəkilməkdən imtina edirəm.

Eqoist ambisiyalar qurma.
Müqəddəs Yazılara uyğun hərəkət et.

Əlavə B

7 Günlük İntizam Tənzimləmə Təlimatı

Ardıcıl yeddi gün ərzində:

1. Gündəlik fasiləsiz bir saatlıq strukturlaşdırılmış dua.
2. Bir Müjdəni tamamilə oxuyun.
3. Gecəlik dürüstlük auditi.
4. Qeybət, şikayət, şişirtmə yoxdur.
5. Ən azı bir dəfə qəsdən oruc tutmaq.
6. Rəqəmsal səs-küyün azaldılması.
7. Gündəlik hesabatlılıq yoxlaması.

Yeddi gün həssaslığı bərpa edir.

Əlavə C

Şəxsi Sədaqət Əhdi Şablonu

Bunu öz əlyazmanızla yazın.

ŞƏXSİ SƏDAQƏT ƏHDİ

Mən, ______________________________,
İsa Məsihə tam və müstəsna sadiqliyimi bəyan edirəm.
Mən bölünmüş sədaqətdən imtina edirəm.
Gizli güzəştləri rədd edirəm. Şəxsi və ictimai həyatda müqəddəsliyə sadiqəm. İntizamlı duaya sadiqəm. Davamlı sədaqətə sadiqəm. İlahi tapşırığımı qəbul edirəm. Geri çəkilməkdən imtina edirəm.
Mən bu əhdi Allahın hüzurunda möhürləyirəm.
İmza: ______________________
Tarix: ______________________

SON PASTORAL XEYİR-DƏALƏT

Sədaqətiniz sarsılmaz olsun.
İntizamınız davamlı olsun. Müqəddəsliyiniz gələcəyinizi qorusun. Dözümlülüyünüz şiddətdən üstün olsun.
Tapşırığınızı yerinə yetirin. Heç bir güllə, xəyanət, məyusluq, ikiüzlülük və cavab pıçıltısı sizi geri çəkməsin.
Yarışı başa vurasan.
Göylər sənə sevinc bəxş etsin.
Yalnız irəli.

TÖVSİYƏ OLUNAN KİTABLAR VƏ RESURSLAR

Millətlər üçün boşluqda dayanmaq

Təsir Dağlarının Yeddi Dağı üçün 320 Strateji Dua Nöqtəsi

Kilsə, Liderlər və Millətlərdə Allahın Padşahlığının Qurulması üçün 40 Günlük Şəfaət Növbətçisi

NATIONS Seriyası üçün 10 milyon Şəfaətçinin Səfərbər Edilməsi | 2

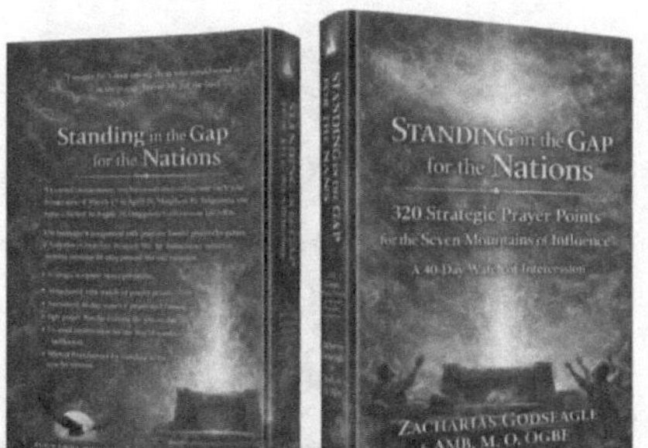

Otakada.org Elektron Kitab Mağazası - https://shop.otakada.org/product/standing-in-the-gap-for-the-nations-320-strategic-prayer-points-for-the-seven-mountains-of-influence-ebook/

Amazon dayanır boşluq ebook -
https://www.amazon.com/Standing-Gap-Nations-Strategic-Intercession-ebook/dp/B0GS42JJ1J

Amazon cildli və sərt cildli kitabı -
https://www.amazon.com/Standing-Gap-Nations-Intercession-Intercessors/dp/B0GS6N511B

https://www.amazon.com/Standing-Gap-Nations-Intercession-Intercessors/dp/B0GS6FMM7P

Gap Ingramspark-da dayanmaq -
https://shop.ingramspark.com/b/084?params=NLsIsZZ6luaCjpZtgBrYrAkx0Xwf0SdP7V8HwTCpKqp

Göydən od gördüm
Cihaddan İsaya - Atəş Altında Sədaqət

Canlı Məktublar – 40 Günlük İbadət Seriyası | 3-cü Kitab

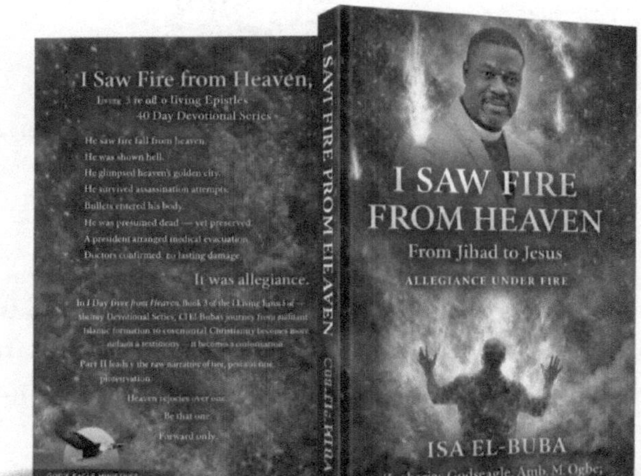

Elektron kitab linkləri –
https://shop.otakada.org/product/i-saw-fire-from-heaven-from-jihad-to-jesus-allegiance-under-fire-prophet-isa-el-buba-in-epub/
Amazon elektron kitab linki
https://www.amazon.com/Saw-Fire-Heaven-Allegiance-Devotional-ebook/dp/B0GP9TGL2D

İngramspark-da Cənnətdən Od Gördüm - https://shop.ingramspark.com/b/084?params=A1wptn8KXRFQanJBof1snSPoI6BqEOobmDhMk42aLIM

Mən "Fire" filmini Otakada.org saytında gördüm - https://shop.otakada.org/product/i-saw-fire-from-heaven-from-jihad-to-jesus-allegiance-under-fire-prophet-isa-el-buba-in-epub/

Məni skan edin -

CS Lewis (1898-1963) - Tamamilə Yaşamış Xristianlıq: İstəksiz Bir Zehndən Dəyişmiş Bir Həyata (Canlı Məktublar - 40 Günlük İbadət Seriyası | Kitab 2)

Elektron kitab

https://shop.otakada.org/product/new-book-release-cs-lewis-1898-1963-mere-christianity-fully-lived-from-a-reluctant-mind-to-a-transformed-life-living-epistles-40-day-devotional-seriesbook-book-2-ebook/

Ingramspark Sərt Üzlüklü -
https://shop.ingramspark.com/b/084?params=OJgtJv5h6lnwHQMGxVIqzD4cQokNdZ74yOERLGjnsmL

Sərt üzlüklü və elektron kitab Barnes and Noble
https://www.barnesandnoble.com/w/cs-lewis-cs-lewis/1149411451?ean=9798295609619

HIPPO MÜQƏDDƏS AVQUSTİNİ (354–430-cu illər)
Narahat Ürəkdən Yazılı Həyata - Canlı Məktublar – 40 Günlük İbadət Seriyası – 1

Amazon elektron kitab linki -
https://www.amazon.com/ST-AUGUSTINE-HIPPO-354-430-Devotional-ebook/dp/B0GJN8N9XS

Amazon Cildli Kitab sifariş linki -
https://www.amazon.com/St-Augustine-Hippo-354-430-Devotional/dp/B0GJWTVLR6

Ingramspark Cildli Kitab Linki -
https://shop.ingramspark.com/b/084?params=BZOOW3dj93aGEtBL2Fv1VY8wV1OQvA10dtZRDgk7Z9Z

MƏNİ SKANLA

YENİLƏMƏ 7

Evinizin Qəlbini 7 Gündə
Sağaldın Yeniləmə Seriyası – Ailə Birliyi Nəşri

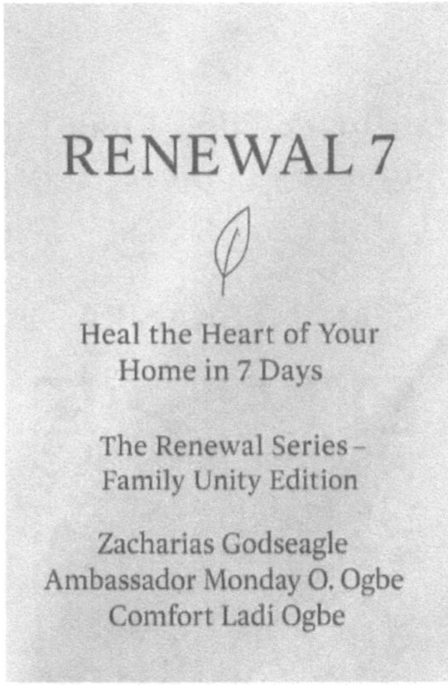

Cildli Kitaba keçid -
https://shop.ingramspark.com/b/084?params=htyfL002e1JzyEpZWkKtaXWF5FJ1jZFOjgiQKEfcbnw

Amazon Səhifəsinin Cildli Kitabına Keçid -
https://www.amazon.com/RENEWAL-Heal-Heart-Your-Renewal/dp/B0GD92153W

Amazon Ebook-a keçid –

https://www.amazon.com/RENEWAL-Heal-Heart-Your-Renewal-ebook/dp/B0G91BMFND

MƏNİ SKANLAYIN –

Yeniləmə 7: Evinizin ürəyini 7 Gündə Sağaldın

Yeniləmə Seriyası — Ailə Birliyi Nəşri

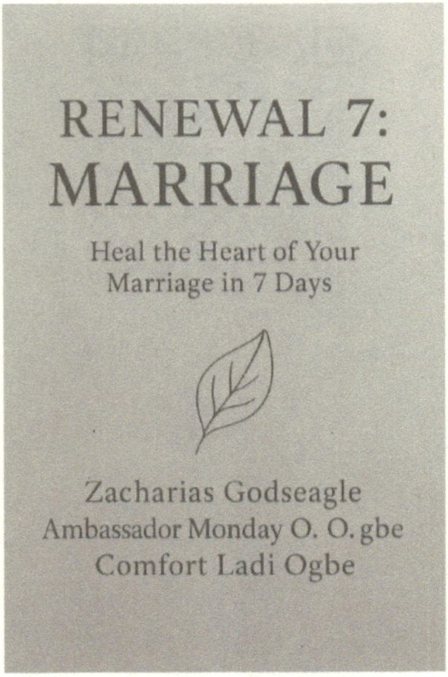

Cildli kitaba keçid -
https://shop.ingramspark.com/b/084?params=nSEElv9oUsItOu5akVZlg4ycGbbmvlBOtSiqeOZr5yQ

Amazon cib kitabına keçid -
https://www.amazon.com/RENEWAL-MARRIAGE-Heart-Marriage-Renewal/dp/B0GDC1YZJ7

Amazon elektron kitabına keçid -
https://www.amazon.com/RENEWAL-MARRIAGE-Heart-Marriage-Renewal-ebook/dp/B0G6JXJWJL

Ürəyin taxtı – Qazanmalı olduğumuz 12 döyüş

Amazon elektron kitabı -
https://www.amazon.com/THRONE-HEART-COVETOUSNESS-Counterfeit-CONTENTMENT-ebook/dp/B0G4SPFRY7

Amazon cibli kitabı -
https://www.amazon.com/THRONE-HEART-COVETOUSNESS-Counterfeit-CONTENTMENT/dp/B0G4TKW1ND

Ingramspark-dan cildli kitab -
https://shop.ingramspark.com/b/084?params=a75LJXtvvI63VnzeQPleQTkAJWfu8CPQV6l5Oe31D80

Zacharias Godseagle tərəfindən Audio link ilə 4-ü 1-də moizə –

Amazon elektron kitab linki -
https://www.amazon.com/Sermons-Zacharias-Godseagle-Audio-links-ebook/dp/B0G4XCH4TW

Amazon cibli kitabı - https://www.amazon.com/Sermons-Zacharias-Godseagle-Audio-links/dp/B0G4TK4XGT

Cildli İngram qığılcımı linki - https://shop.ingramspark.com/b/084?params=nK2JERskkbhdAOSNseTUNRhaCFqUPZuhB4uYfqrXvGb

THE LOGOS PROTOCOL SERIES | 1
PILGRIM CODE
AI AWAKENING
A prophetic sci-fi thriller where faith collides with artificial intelligence, and light wars against the code.
ZACHARIAS GODSEAGLE
AMBASSADOR MONDAY O. OGBE
COMFORT LADI OGBE

Elektron kitab - https://www.amazon.com/Logos-Protocol-Awakening-artificial-intelligence-ebook/dp/B0FXNQFSWZ

Cildli kitab - https://www.amazon.com/Logos-Protocol-Awakening-artificial-intelligence/dp/B0FXNGR66D

Sərt üzlük - https://www.amazon.com/Logos-Protocol-Awakening-artificial-intelligence/dp/B0FZNTQR6Y

Cildli Ingramspark - https://shop.ingramspark.com/b/084?params=QkK4aNYTYO9U5z9uOkdHgc7Ue1eGDLqbb1tz9WRPaSk

Niyə Qurtuluş Uğursuz Olur - və Tanrı Odu Ruhu Necə Bərpa Edir: Hərtərəfli Qurtuluş üçün 40 Gündəlik Bəyannamə

Elektron kitab - https://www.amazon.com/Why-Deliverance-Fails-Declarations-All-Round-ebook/dp/B0FW74L4G4

Cildli kitab - https://www.amazon.com/Why-Deliverance-Fails-Declarations-All-Round/dp/B0FWB3LXRM

Xilas edilmiş, lakin itirilmiş – Şagirdsiz Dönüş – 25 dilə tərcümə olunub

Cildli
https://shop.ingramspark.com/b/084?params=iYNB6S3PLMfREpm0jMM15bMe3BvWlkjcYyLYnHVGads
Elektron kitab - https://www.amazon.com/SAVED-BUT-LOST-UNDISCIPLED-heartbreak-ebook/dp/B0FVJ29DF7

7 GÜNLÜK MƏNƏVİ MÜHARİBƏ VƏ BƏRPA - bu, 1-ci Hissədir

Düşməni bağlamaq, oxları yeddiqat qaytarmaq və taleyinizi bərpa etmək

https://shop.ingramspark.com/b/084?params=8mPzqUl73Ex7uPyeO7ydyt8EGkkB6u2gX1jZvWU8j1C

Elektron kitab linki - https://www.amazon.com/DAYS-SPIRITUAL-WARFARE-RECOVERY-Returning-ebook/dp/B0FMPJM5KZ

7 GÜNLÜK MƏNƏVİ MÜHARİBƏ VƏ BƏRPA - 2-ci Hissə - Qələbəni Möhkəmləndirmək, Evdəki Pisliyi Qırmaq və Bərpa Edilmiş Taleyinizi Qorumaq

Cildli kitab -
https://shop.ingramspark.com/b/084?params=LkpNmGSsApHhWhiSO7bW3wFmcXQKIO4ZEBeSbP5rL1S

Elektron kitab - https://www.amazon.com/DAYS-SPIRITUAL-WARFARE-RECOVERY-Wickedness-ebook/dp/B0FR9YCMY8

QARANLIQDAN HÖKMRANLIĞA: Qaranlığın Gizli Pəncəsindən Qurtulmaq üçün 40 Gün

–

Azad Olmağa Hazır Fərdlər, Ailələr və Millətlər Üçün Qlobal Maarifləndirmə, Xilaskarlıq və Güc Dəstəyi

Cildli

https://shop.ingramspark.com/b/084?params=aVgp21QfwJxNANkfMxIQ0yejuFCVY12KFr978SRkZUD

Amazon Linki -

https://www.amazon.com/DARKNESS-DOMINION-Devotional-Awareness-Deliverance-ebook/dp/B0FLDH2Y67

- *Qaranlığın Gücündən Xilas Olunur* (**Cildli Kitab**)
  — Buradan Alın | Amazonda Elektron Kitab

  - **Amerika Birləşmiş Ştatlarından ən yaxşı rəylər:**
    - **Kindle Müştərisi** : "İndiyə qədər oxunan ən yaxşı xristian kitabı!" (5 ulduz)

Bu şəhadət üçün İsaya həmd olsun. Mən çox bəxtiyaram və hər kəsə bu kitabı oxumağı tövsiyə edirəm... Çünki günahın əvəzi ölüm, Allahın ənamı isə əbədi həyatdır. Salam! Salam!

- **Da Gster** : "Bu, çox maraqlı və olduqca qəribə bir kitabdır." (5 ulduz)

Əgər kitabda deyilənlər doğrudursa, deməli, düşmənin edə biləcəyi şeylərdən çox geri qalmışıq! ... Mənəvi müharibə haqqında öyrənmək istəyən hər kəs üçün mütləqdir.

- **Visa** : "Bu kitabı sevirəm" (5 ulduz)

Bu, gözlərimi açır... əsl etirafdır... Son vaxtlar onu almaq üçün hər yerdə axtarırdım. Amazondan aldığım üçün çox şadam.

- **FrankJM** : "Tamamilə fərqli" (4 ulduz)

Bu kitab mənə əsl mənəvi müharibənin nə qədər vacib olduğunu xatırladır. Həmçinin, "Tanrının tam zirehini" geyinməyimin səbəbini də xatırladır.

- **JenJen** : "Cənnətə getmək istəyən hər kəs - bunu oxusun!" (5 ulduz)

Bu kitab həyatımı çox dəyişdirdi. Con Ramirezin ifadəsi ilə birlikdə, inancınıza fərqli baxmağınıza səbəb olacaq. Mən onu 6 dəfə oxumuşam!

- *Keçmiş Şeytançı: Ceyms Mübadiləsi* (Cildli Kitab) — Buradan Alın | Amazonda Elektron Kitab

- ***Afrikalı keçmiş şeytanistin ifadəsi*** - *Pastor Jonas Lukuntu MPALA* (Cildli) — Buradan alın | Amazonda elektron kitab

- *Böyük İstismarlar 14* (Cildli) — Buradan Alın | Amazonda Elektron Kitab

- Con Ramirezin *"Şeytanın Qazanından" əsəri* — Amazonda mövcuddur
- *O, Əsirləri Azad Etməyə Gəldi,* müəllif: Rebekka Braun — Amazonda tapın

Müəllif tərəfindən nəşr olunmuş digər kitablar – 1000-dən çox adda

Sevildi, Seçildi və Bütöv : Rədddən Bərpaya 30 Günlük Səyahət dünyanın 40 dilinə tərcümə olunub https://www.amazon.com/Loved-Chosen-Whole-Rejection-Restoration-ebook/dp/B0F9VSD8WL

https://shop.ingramspark.com/b/084?params=xga0WR16muFUwCoeMUBHQ6HwYjddLGpugQHb3DVa5hE

Onun Addımlarında — 40 Günlük WWJD Çağırışı: Dünyanın hər yerindəki real həyat hekayələrində İsa kimi yaşamaq

https://www.amazon.com/His-Steps-Challenge-Real-Life-Stories-ebook/dp/B0FCYTL5MG

https://shop.ingramspark.com/b/084?params=DuNTWS59IbkvSKtGFbCbEFdv3Zg0FaITUEvlK49yLzB

QAPIDA İSA:
40 ürəkparçalayan hekayə və cənnətin bugünkü kilsələrə son xəbərdarlığı

https://www.amazon.com/dp/B0FDX31L9F

https://shop.ingramspark.com/b/084?params=TpdA5j8WPvw83glJ12N1B3nf8LQte2a1lIEy32bHcGg

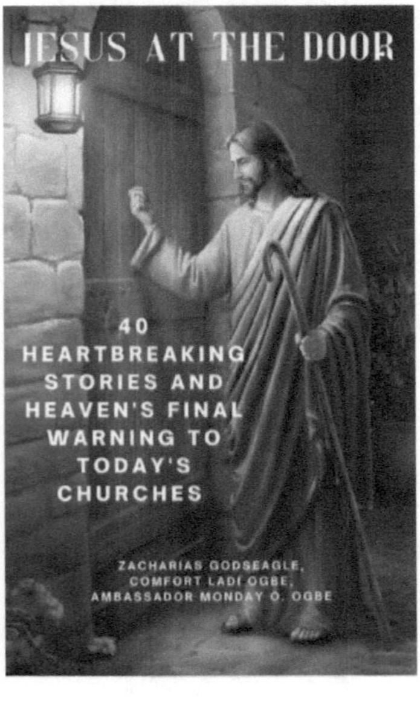

ƏHD HƏYATI: Qanunun Təkrarı 28-in xeyir-duasında 40 günlük gəzinti

- https://www.amazon.com/dp/B0FFJCLDB5

Əsl İnsanlardan, Əsl İtaətkarlıqdan və Əsldən Hekayələr

https://shop.ingramspark.com/b/084?params=bH3pzfz1zdCOLpbs7tZYJNYgGcYfU32VMz3J3a4e2Qt

20-dən çox dildə transformasiya

ONU TANIMAQ VƏ ONU TANIMAQ:
Şəfa, Anlama və Davamlı Sevgiyə 40 Gün

https://www.amazon.com/KNOWING-HER-HIM-Healing-Understanding-ebook/dp/B0FGC4V3D9

https://shop.ingramspark.com/b/084?params=vC6KCLoI7Nnum24BVmBtSme9i6k59p3oynaZOY4B9Rd

TAM, RƏQABƏT DEYİL:
Məqsədə, Birliyə və Əməkdaşlığa 40 Günlük Səyahət

https://shop.ingramspark.com/b/084?params=5E4v1tHgeTqOOuEtfTYUzZDzLyXLee30cqYo0Ov9941

https://www.amazon.com/COMPLETE-NOT-COMPETE-Journey-Collaboration-ebook/dp/B0FGGL1XSQ/

İLAHİ SAĞLAMLIQ KODU - Allahın Kəlamı və Yaradılışı Vasitəsilə Şəfanı Aktivləşdirmək üçün 40 Gündəlik Açar Bitkilərin, Duanın və Peyğəmbərlik Fəaliyyətinin Şəfa Gücünü Açın

https://shop.ingramspark.com/b/084?params=xkZMrYcEHnrJDhe1wuHHYixZDViiArCeJ6PbNMTbTux

https://www.amazon.com/dp/B0FHJT42TK

Digər kitabları müəllif səhifəsində tapa bilərsiniz
https://www.amazon.com/stores/Ambassador-Monday-O.-Ogbe/author/B07MSBPFNX

www.ingramcontent.com/pod-product-compliance
Lightning Source LLC
LaVergne TN
LVHW040415051026
849517LV00002B/325
9798295758508